Hans Jörg Schmidt

Kulturgeschichte des Marktes

Hans Jörg Schmidt

Kulturgeschichte des Marktes

Ein Essay zur Genealogie einer soziokulturellen Gegebenheit

Humanities Online

Mit freundlicher Unterstützung des
John Stuart Mill Instituts für Freiheitsforschung
an der SRH Hochschule Heidelberg
und der SRH Holding

Bibliografische Information der Deutschen Bibliothek
Die Deutsche Bibliothek verzeichnet diese Publikation in der Deutschen Nationalbibliografie; detaillierte bibliografische Daten sind im Internet über http://dnb.ddb.de abrufbar.

Frankfurt am Main
Erste Auflage 2011
ISBN 978-3-941743-15-1

Umschlaggestaltung: Uwe Adam
Printed in Germany

Umschlagabbildung:
Merkur, Kupferstich, 40 x 50 mm, aus: Beckij, Ivan Ivanovič: Systeme Complet D'Éducation Publique, Physique Et Morale [pour l'un & l'autre sexe, & pour les diverses conditions exécuté dans les différens Etablissemens ordonnés pa Sa Majesté Impérial Catherine II, pour l'éducation de la jeunesse, & l'utilité de son empire], Bd. 1, Neuchatel 1777, S. 62.
Reproduziert von der Universitätsbibliothek Heidelberg als:
D 228/11

Dieses Buch ist auch als E-Book erhältlich:
www.humanities-online.de

Inhalt

Einleitung

»Es darf nicht vergessen werden, daß es den Markt nicht in einer Reinform gibt. Er erhält seine Gestalt durch die kulturellen Gegebenheiten, die ihm eine konkrete Prägung und Orientierung geben«,[1] verlautbarte Papst Benedikt der XVI. (*1927) in der Sozialenzyklika »caritas in veritatem«, die im Jahr 2009 in der Tradition der katholischen Soziallehre unter anderem Stellung zur weltweiten Wirtschafts- und Finanzkrise bezog und in einigen Abschnitten ausführlich über die Gestalt des Marktes reflektierte. Diesem Ansatz, der Einbettung des Marktes in soziale und kulturelle Gegebenheiten – wenngleich nicht aus theologischer Überzeugung, sondern aus kulturwissenschaftlicher Perspektive auf essayistische Weise –, nachzuspüren, ist die Idee der vorliegenden kulturgeschichtlichen Betrachtung zur Genealogie des Marktes. Gerade die Diskussionen über Exzesse einzelner Marktakteure, die in den letzten Jahren immer wieder zur Tagesaktualität gelangten, haben gezeigt, dass die emotional geführte Debatte um den Markt nur dann nachvollzogen werden kann, wenn die Ursprünge der Argumente offen liegen. Markt wird hierbei verstanden als wertgebundener, ökonomisch motivierter Tausch zwischen Menschen in einem umfassenden Sinne. Auf dieser Eigenschaft des Marktes als menschliche Transaktionsbeziehung beruht auch, dass er als ein wesentliches gesellschaftliches Organisationsprinzip zu verstehen ist.

Nachgespürt werden soll in unserem Zusammenhang insbesondere den mythologischen, historischen, religiösen und rationalisierungsstrategischen Aspekten in der Genealogie des Marktes, der fernerhin, wie es der Untertitel des Essays ausweist, als soziokulturelle Gegebenheit begriffen wird. Erhellt werden dadurch wichtige Komponenten, die in historischer Perspektive zur Entstehung des gegenwärtigen Bildes vom Markt beigetragen haben. Avisiert ist hier aber keineswegs eine fachwissenschaftliche Abhandlung, die sich an gängigen ökonomischen Lehrmeinungen oder gar an politischen oder weltanschaulichen Überzeugungen abarbeitet. Vielmehr wird ein gedanklicher Streifzug durch Geschichte und Gegenwart des marktwirtschaftlichen Handelns und der marktwirtschaftlichen Ideenwelt unternommen, der komplementär zu systematischen Darstellungen in ökonomischen Einführungsbüchern zu verstehen ist. Der Text streift ausdrücklich einige seitens der fachwissenschaftlichen Diskussion weniger beachtete Aspekte, die aus kulturwissenschaftlicher Warte jedoch wesentlich zur Genealogie des Marktes beigetragen haben und will Leser ansprechen, die sich für ökonomische und gesellschaftliche Zusammenhänge aus kulturhistorischer Sicht interessieren.

Um das Lesevergnügen nicht durch überbordende Belegangaben zu beeinträchtigen, werden gemäß essayistischer Gepflogenheit lediglich die bibliographischen Angaben der direkten Zitate in Form von Endnoten nachgewiesen. Zur besseren zeitlichen Einordnung der genannten Personen werden deren Lebensdaten in Klammern angegeben. Das weitere Material, aus dem für die Darstellung der Kulturgeschichte des Marktes geschöpft wurde, kann der geneigte Leser dem ausführlichen Literaturverzeichnis entnehmen.

Entstanden ist die Idee für diese kleine Abhandlung aus Gesprächen im John Stuart Mill Institut für Freiheitsforschung, in welchen die Frage im Mittelpunkt stand, wie der Blick des gegenwärtigen, stark auf ökonomische Zusammenhänge verengten Liberalismus im deutschsprachigen Raum über den Aspekt der wirtschaftlichen Freiheit hinaus auch auf die Aspekte der individuellen und politischen Freiheit ausgeweitet werden könnte. Der Markt als zentraler Topos des Liberalismus erschien hierfür als ein geeigneter Gegenstand, um zu zeigen, dass die Freiheiten, Verträge schließen und über Eigentum verfügen zu können, zwar grundlegende Voraussetzungen für den Markt sind, dieser aus seiner Genealogie heraus aber keinesfalls isoliert und von der soziokulturellen Rückkoppelung an die Gesellschaft abgelöst betrachtet oder gar verabsolutiert werden kann. Insofern begreift sich dieser

Essay als ein Beitrag zur »Re-Integration« des Nachdenkens über den Markt in die gesellschaftliche Debatte und wendet sich, wie im ersten Kapitel über die Mythologie des Marktes anhand des »Hymnus auf Hermes« ausgeführt wird, gegen eine sozusagen »hermetische Verengung« des Marktbegriffs auf rein ökonomische Gesichtspunkte und versucht die Exklusivität fachwissenschaftlicher Theoriedebatten der Ökonomik zu durchbrechen.

Bevor die Darstellung jedoch beginnt, gilt mein herzlicher Dank Prof. Dr. Ulrike Ackermann und Bettina Romond, die sich in besonderer Weise um dieses Büchlein verdient gemacht haben.

Mythologie des Marktes

In der klassischen Mythologie ist Hermes Gott und Urheber des Handels und des Marktes. Sohn des Zeus und der Nymphe Maia, von den Römern auch Mercurius genannt, wird von ihm seit den Frühzeiten der Menschheit in Erzählungen berichtet. In einer jener Hymnen, die Homer, dem ersten namentlich bekannten Autor des Abendlandes, zugeschrieben werden, ist Hermes die Rolle eines vielgewandten, verschlagenen, listigen Räubers und Rinderdiebs, Lenkers der Träume, Spähers bei Nacht und Stehers am Tor, aber auch des ungeduldigen und rastlosen Erfinders beigestellt. Unter den Göttern habe er zugleich nach seiner Geburt in kürzester Frist erstaunliche Taten zu vollbringen vermocht: »Morgens ward er geboren, des Mittags spielte er die Leier, abends stahl er die Rinder des Fernhintreffers Apollon« (42).[2]

Mythen, in welches Genre auch der soeben zitierte »Hymnus auf Hermes« einzureihen ist, sind primär mündlich überlieferte Ursprungserzählungen, die erst nach Aufkommen der Schrift fixiert wurden. Sie berichten über das übernatürlich-wunderbare Entstehen eines Sachverhalts, einer Gemeinschaft, eines Gebrauchs oder anderer kulturprägender Konstellationen. Mythologische Ursprungserzählungen werden anhand einzelner handelnder Personen oder Personengruppen figuriert. Mythen, die als archaische Denk- und Anschauungsformen zu verstehen sind, dienen somit der Sinnstiftung und der Einordnung komplexer Ereignisse in ein geschlossenes Weltbild. Durch ihre stetige Vergegenwärtigung im Rahmen einer Erzählgemeinschaft erhalten die vom Mythos behandelten Gegebenheiten hervorgehobene Bedeutung. Auch verbürgt die erzählerische Wiederholung dauerhafte Präsenz im kollektiven Gedächtnis der Erzählgemeinschaft.

Ein in der Antike weithin bekannter Mythos, von dem unsere Betrachtungen zur Kulturgeschichte des Marktes nun ausgehen, ist derjenige von Hermes bzw. Merkur. Zum besseren Verständnis der weiteren Argumentation soll er zunächst in seinen wesentlichen Stationen entfaltet werden: Hermes, der Sohn der Maia und des Göttervaters Zeus, verlässt, wie der oben wiedergegebenen, stark raffenden Zusammenfassung in einer Hymnenstrophe zu entnehmen ist, noch am Tag seiner Geburt die schützende Felsenhöhle. Auf seinem Streifzug entdeckt er eine Schildkröte, aus deren Panzer er in Kombination mit anderen Materialien kunstvoll eine Leier fertigt. Hungrig durch die mühsame Arbeit an dem Saiteninstrument lüstet es ihn nach Rindfleisch. Kurzerhand stiehlt er, um sein Bedürfnis zu stillen, dem Apollon eine Herde von 50 Rindern. Weil er dafür jedoch nicht zur Verantwortung gezogen werden will, verwischt er mit größtem Geschick seine Spuren. Doch wird der Raub zufällig von einem alten Bauern beobachtet. Um sein ob der Tat bedrängtes Gewissen zu besänftigen, bringt Hermes, nachdem er zwischenzeitlich auch noch das Holzfeuerzeug erfunden hat, den Göttern zwei Rinder als Rauchopfer dar. Über diese kultische Handlung ermüdet begibt er sich zurück in seine Wiege und schlummert ein. Trotz seines vorsichtigen Auftretens war seiner Mutter Maia das Herumvagabundieren ihres umtriebigen Sprösslings nicht entgangen. Und als nun Apollon des Diebstahls seiner Rinderherde gewahr wird, begibt er sich umgehend auf Spurensuche, um nach einigem Hin und Her bei dem Alten, der den Vorfall gesehen hatte, fündig zu werden. Ungläubig berichtet ihm der Greis, er habe unlängst einen Knaben mit einer Herde Rinder gesehen. Sofort fällt Apollons Verdacht auf Hermes, zu dem er sich auf direktem Wege aufmacht. Hermes, der sich noch stets in der Höhle versteckt hält, streitet, von Apollon zur Rede gestellt, zunächst den Raub ab, indem er auf sein kindliches Alter verweist. Nach einigem Geplänkel der beiden werden selbst die Götter auf den Bruderzwist aufmerksam. Zeus zitiert die Streithähne zum Ratschluss vor den Olymp, um vor jener ordnenden Instanz die Streitigkeiten gütlich beizulegen. Daraufhin sendet der Göttervater sie als Ergebnis der Beratschlagung gemeinsam mit dem Auftrag aus, die verschollene Herde zu finden. Hierbei vermag Apollon Hermes, der immer neue Ausflüchte zu seiner Verteidigung erfindet, schlussendlich des

Diebstahls zu überführen. Als Apollon zur erbosten Schelte des Rinderdiebes ansetzt, zückt Hermes geistesgegenwärtig seine Schildkröten-Leier und singt ein alle bezauberndes Lied. Fasziniert und besänftigt vom Klang der Leier willigt der beraubte Apollon ein, seine Rinderherde gegen das Musikinstrument zu tauschen und somit den ursprünglichen Raub rückwirkend zu legalisieren. Abschließend wird Hermes, Erfinder der Leier und somit der Instrumentalmusik, seitens des Olymps mit verschiedenen wichtigen Ämtern und dem Stab des Glücks und des Reichtums belehnt. Eine Vielzahl von positiven wie negativen Attributen, die sich aus der Handlung des Mythos ergeben, sind, wie der »Hymnus auf Hermes« resümierend berichtet, fortan dem Hermes zugeschrieben: Unter anderem ist er auf Beschluss des Olymp zuständig für den Wechsel des Gutes und der Habe und wird somit auch zum Gott der Kaufleute und des Marktes.

Im Kern enthält der homerische Hymnus – repräsentiert durch die Figur des »hurtigen Zeus Sohnes« – die dem Markt bis heute in seiner Bewertung innewohnende Ambivalenz. Einerseits haben wir, vereinfachend dargestellt, den von Hermes verkörperten Aspekt des listigen Raubes bzw. der Übervorteilung als Argument gegen den Markthandel, andererseits die Kraft der kulturellen Schöpfung bzw. zivilisatorischen Innovation als Argument für den Markt. In unserem modernen Zeitalter, das sich mit der rationalistischen Entzauberung vorrational-mythologischen Denkens bemüßigt, hat der Ökonom Joseph Alois Schumpeter (1883 bis 1950) die im Mythos von Hermes angelegte Ambivalenz des Marktes in der Formel des Unternehmers als »schöpferischer Zerstörer« synthetisiert – und somit wie viele seiner Zeitgenossen den Ursprung des Marktes in eine vordergründige Rationalität überführt. Entspricht aber nicht etwa der Schumpetersche Unternehmer in seinen hervorgehobenen Eigenschaften als Marktakteur dem homerischen Hermes? Sind nicht die Denkfiguren, die in Auseinandersetzung mit dem Markt pro und contra angeführt werden, althergebrachter und weniger rational begründet als angenommen? Sind sie, um die These des Buches in Frageform zu kleiden, nicht grundlegende Faktoren der sich über lange historische Zeiträume erstreckenden Genealogie des Marktes?

Schauen wir zur Beantwortung der aufgeworfenen Fragen und zum Verständnis der dem Bereich der Mythologie entstammenden Genealogieerzählung noch einmal näher auf den im 7. oder 6. Jahrhundert vor unserer Zeitrechnung entstandenen »Hymnus auf Hermes«. Viele Elemente der mythologischen Erzählung sind in vermeintlich rationalisierter Form in aktuellen Für- und Widersprachen zum Markt zu finden. Nochmals zur Verdeutlichung: Im listigen Raub der Rinder des Apollons durch Hermes tritt uns einerseits das Urbild des antikapitalistischen Ressentiments entgegen, während andererseits der durch Innovation hervorgerufene Fortschritt im Prozess der Zivilisation seither in vielen Variationen zur Verteidigung des Marktes gegen dessen Kritiker angeführt wird. Allzu oft vergessen wird bei der anverwandelnden Erzählung des alten Mythos' in modernem Gewande, dass als vermittelnder Aspekt zwischen den Raub und die Innovation der Tausch, also das Interagieren auf dem Markt, als Ausgleich der Interessen tritt. Keinesfalls umsonst ist eine der wichtigsten Funktionen, die Hermes zugeeignet ist, diejenige des Austauschs – nicht nur von Botschaften, sondern auch von Besitz und Waren. Denn in der Mythologie verleiht Zeus seinem Sohn das Amt, »auf der vielernährenden Erde unter den sterblichen Menschen den Wechsel der Habe zu lenken« (56). Entlohnt wird ihm diese fordernde und mit zahlreichen Anfeindungen versehene Aufgabe mit dem »allerherrlichsten Stab des Glücks und des Reichtums« (56). Zahlreiche antike Darstellungen zeigen Hermes so auch als flügelbehelmten sowie mit Flügelschuhen bekleideten Götterboten und Mediator mit dem nach ihm benannten Hermesstab. Auch auf zeitgenössischen Münzen ist der Patron des Handels häufig abgebildet. Bemerkenswert ist jedenfalls: Bei dem vom Mythos berichteten Tausch der Rinderherde gegen ein Musikinstrument handelt es sich beileibe nicht um irgendeinen willkürlichen Tausch, sondern um den nachträglich vereinbarten, mithin kulturbegründenden Tausch einer fünfzigköpfigen Herde Rinder gegen eine einzige Leier. Natur und Ressource materieller Subsistenz werden gegen Kultur und artifizielle Ressource geistiger Existenz getauscht; »musische Macht gegen heillose Sorgen!« (54), wie es in dem im historischen Kontext gesungenen und von Leiermusik begleiteten »Hymnus auf Hermes« heißt. Apollon, dem Hermes die Rinder ursprünglich geraubt hatte, ist, um den nunmehr interpretatorischen Gang durch den Mythos fortzusetzen, vom berückenden Spiel der Leier so entzückt, dass er das Instrument unbedingt sein Eigen nennen möchte. Angebot und Nachfrage bestimmen hierbei den Preis. Entstanden war das Produkt der Begierde, wenn wir uns an das Inhaltsreferat entsinnen, gleich am ersten Erdentag des rastlosen Hermes, als dieser ungeduldig seiner Wiege entfloh und auf einem Streifzug zu seiner Freude eine Bergschildkröte entdeckte. Sofort erkannte der Gedankenschnelle ihren Nutzen bringenden Mehrwert:

> »Tauchst mir zur Freude hier auf! Woher bist du, herrliches Spielzeug, bergbewohnende Schildkröte du mit gesprenkelter Schale? Gleich pack ich zu und bringe dich heim, du bist mir von Nutzen, ich verkenne dich nicht; denn mir zuerst sollst du dienen!« (42)

Aus dem Panzer der Schildkröte fertigt der »Utilitarist« Hermes nämlich im Handumdrehen, indem er versiert Holz, Schilf, Rindshaut, Hörner und Schafsgedärme miteinander in ein »reizendes Spielzeug« (43) kombiniert, ein technisch anspruchsvolles und klanglich betörendes Musikinstrument. Mit seiner Fähigkeit, die natürlichen Gegebenheiten innovativ zu Neuem, noch nie Dagewesenem zu verwandeln, regt er die Neu- und Habgierde Apollons an, was letztlich zum Tausch und zur rückwirkenden Überführung des ursprünglichen Rinderraubes in ein Handelsgeschäft führt. Dass Hermes die Lebenskraft der Bergschildkröte »mit des grauen Schnitzmessers Schneide« (43) ausbohrt, begründet einen weiteren Topos der Markt- und Kapitalismuskritik. Wohl bewusst ist sich Apollon der Tatkraft des Hermes und erkennt – trotz seines begierigen Wunsches, die Leier sein Eigen zu nennen – die Zweischneidigkeit des von ihm vorgeschlagenen, den Hermes restituierenden Handel. Die Ambivalenz kommt in der wenig schmeichelhaften Anrede zum Ausdruck, denn »Rinderschlächter, Ränkeschmied!« (53) nennt Apollon seinen Geschäftspartner.

Die Einzigartigkeit der kulturellen Innovation und deren Anpreisung durch Hermes mittels eines die Götter verzückenden Gesangs lenken Apollons Aufmerksamkeit von der Urszene des in der Vergangenheit liegenden Rinderdiebstahls prospektiv auf den Besitz der Leier. Bevor jedoch das Leierspiel des Hermes es vermag, Apollon und den Olymp zu befrieden, steht der bereits mehrfach erwähnte Rinderraub. Um nach getaner Erfindungsarbeit an der Leier sein Verlangen nach Rindfleisch zu stillen, begeht Hermes den Diebstahl der fünfzigköpfigen Herde. Sich seines Verstoßes gegen die olympische Ordnung bewusst, initiiert er zahlreiche kreative Täuschungsmanöver, indem er beispielsweise seine Sandalen mit Tamarisken- und Myrtenbüscheln versieht, um seine Spuren zu verwischen. Außerdem geht er mit den Rindern rückwärts, die Fluchtrichtung verschleiernd. Und quasi zur Sühne seines ungesetzmäßigen Handelns opfert er den Göttern zwei der fünfzig Rinder, um sich diese durch seine kultische Handlung wohlgesinnt zu stimmen. Nahezu beiläufig erfindet er außerdem aus Anlass des ersten vom Mythos fixierten Rinderopfers für die zwölf Götter des Olymps das Holzfeuerzeug. Deshalb gilt er der klassischen Mythologie neben Prometheus auch als Stifter des Feuers und somit – im übertragenen Sinne – als Aufklärer der Welt.

Als der einen Tag alte Hermes nach seinem erfindungsreichen Ausflug in die Bergwelt zurück in seine Wiege kehrt, bleiben seine räuberischen Taten jedoch nicht lange unentdeckt. Apollon kommt ihm nach einiger Suche auf die Schliche. In direkter Konfrontation verleugnet sich Hermes allerdings, woraufhin Apollon ihm prophezeit: »Herr der Diebe wirst du genannt alle künftigen Tage« (49).

Um die immer weitere Kreise in der griechischen Götterwelt

ziehende Auseinandersetzung endgültig beizulegen, findet auf Geheiß des Zeus eine Schlichtung auf dem Olymp statt. Hermes und Apollon, beide Söhne des Göttervaters, treffen in Rede und Gegenrede aufeinander – und schnell wird klar, dass allein mit rhetorischen Mitteln dem Hermes nicht beizukommen ist. Geschickt verwendet jener das Argument seiner Jugendlichkeit zum Schutz. Weil er erst vor einem Tag zur Welt gekommen sei, könne er unmöglich alle ihm zur Last gelegten Taten begangen haben.

Da sich die Streitigkeit zwischen den beiden Brüdern nicht gütlich regeln lässt, gebietet Zeus ihnen, gemeinschaftlich nach der gestohlenen Herde zu suchen. Als nun Apollon die Überreste der geopferten Rinder erblickt, gelingt es ihm, Hermes zur Rede zu stellen. Dieser jedoch zückt geistesgegenwärtig die Leier und stimmt ein bezauberndes Lied an, das, wie es der Hymnus berichtet, Apollon »mitten durchs Herz« (53) ging. An erster Stelle wird übrigens Mnemosyne, die Göttin der Erinnerung, besungen. Ergriffen von unbezwingbarer Sehnsucht wendet sich Apollon, begeistert über die mit der Leier vollbrachten musikalischen Wunderwerke, an seinen singenden Bruder: »Geschäftiger Freund jedes Festmahls, fünfzig Rinder ist dieses wert, was du da ersonnen! Friedlich werden wir das, wie ich glaube, dann später begleichen.« (53) Apollon ist so entzückt vom Geschick und Können des Leierspielers und von der Schönheit des Klangs, dass er für die Gabe der Leier im Tausch auf seine Rinder verzichtet und damit die Befriedung des Streites erreicht. Gemeinsam kehren beide in durch den Handel gewonnener brüderlicher Eintracht zum Olymp zurück und erfreuen die dortigen Götter mit ihrem Spiel. Sofort ersann sich Hermes, gleichsam einer weiteren Urszene des zivilisatorischen Fortschritts, »ein neues Werk seines Kunstsinns« (55), eine Syrinx genannte Panflöte.

Um sich des frisch erworbenen Besitzes in Zukunft versichert zu wissen, nimmt Apollon dem Hermes vor den Göttern den Eid ab, dass jener ihm niemals mehr etwas stehlen möge. Nach diesem Vertragsschluss wird Hermes von den Olympiern mit der Aufgabe betraut, »unter den sterblichen Menschen den

Wechsel der Habe zu lenken«, fernerhin wird er zum »höchsten Mittler der Götter und Menschen« erwählt und mit dem »Stab des Glücks und des Reichtums« (56) belehnt. Auch der Schutz der Rinder, Pferde, Eber, Löwen, Hunde, Ziegen, Maultiere und Schafe wird ihm von Apollon anheimgestellt, wie ihm überdies die besondere Aufgabe zuteil wird, als Bote zum Hades zu fungieren. So ganz in Wohlgefallen endet der Hymnus nun aber auch wieder nicht: Den Hermes charakterisierend schließt dieser, die zukünftige Wahrnehmung des durch seine Person versinnbildlichten marktwirtschaftlichen Handels und Wandels andeutend: »Allen Menschen gesellt er sich gern und unsterblichen Göttern; wenig Nützliches bringt er; denn er betrügt voller Willkür während der finsteren Nacht die Scharen der sterblichen Menschen.« (57)

In dem eingangs mit groben Strichen nachgezeichneten und interpretierten »Hymnus auf Hermes« tritt uns der Protagonist, der mythographisch unter die Kategorie des kulturbringenden Tricksters subsumiert werden kann, entgegen als Erfinder der Leier, des Holzfeuerzeugs und einer Syrinx genannten Panflöte. Die antike Mythologie schildert ihn zudem als Begründer der Viehzucht. In der frühen Phase der Kulturentwicklung, zu Beginn der Landwirtschaft und zur Entwicklung der Städte, fungiert er sozusagen als Urheber eines kulturell-ästhetischen Rahmenprogramms. Aufgrund seiner vermittelnden Botenrolle begleitet er überdies die sekundäre Dienstleistungsfunktion der Überwindung großer Distanzen, der er mithilfe seiner geflügelten Schuhe – worauf noch heute ein Versandhandelsunternehmen und ein Sportartikelhersteller werblich rekurrieren – nachzukommen vermag. Und in der Streitigkeit von Hermes mit Apollon, in der sich die Demonstration des Besitzanspruches auf Privateigentum manifestiert, wird über die eidvertragliche Regelung von Warentausch das Grundprinzip des freien Markthandelns konstituiert.

Jene in der Nacherzählung und Interpretation des Mythos postulierte Bedeutung und alltägliche Präsenz eines vor- und metarationalen Denkens in der Genealogie des Marktes zu konturieren ist die Leitidee der weiteren Darstellung, die sich im Folgenden mit der postmythologischen Geschichte des Marktes, den Theorien und Strategien zur Rationalisierung des Marktes, aber auch mit religiösen Aspekten des Marktes beschäftigen wird. Der Mythos des Hermes bildet hierfür den leitmotivisch wiederkehrenden erzählerischen Bezugspunkt.

Die diesen Essay durchziehende Idee ist, um kurz zu präzisieren, die empirische Feststellung, dass dem Markt oftmals viel mehr als der Charakter eines wirtschaftlichen Sachverhalts im Sinne eines gesellschaftlichen Teilsystems zugeschrieben wurde und wird, insofern er andere gesellschaftliche Teilbereiche wie Politik, Wissenschaft oder Religion wesentlich tangiert. Möglicherweise liegt das daran, dass der Markt als ein Datum aufzufassen ist, das sich, wie der eingangs rekapitulierte Mythos von Hermes auf literarischer Ebene nahelegt, in Teilen bereits vor der Ausdifferenzierung gesellschaftlicher Teilsysteme und vor dem Beginn rationaler Reflexion konstituiert hat und ihm insofern funktionale Differenzierungen gegenüber anderen gesellschaftlichen Teilsystemen nicht ex ante eigen sind, sondern sich erst im Prozess der Zivilisation herausgebildet und gewandelt haben. Mit diesem Vorgehen wird der Gemeinplatz vom rein wirtschaftlich-rationalen Charakter des Marktes hinterfragt und die These von einer stärkeren sozialen Einbettung des Marktes in die Gesellschaft und die Genealogie einiger seiner Bestandteile aus mythologischem, historischem, religiösem und rationalisierungsstrategischem Blickwinkel begründet. Hierdurch soll ein Beitrag dazu geleistet werden, den Marktbegriff aus seiner »hermetischen Verengung« herauszulösen und ihn über die Rekonstruktion ausgewählter genealogischer Elemente in einem umfassenderen geistes-, gesellschafts- und kulturgeschichtlichen Gesamtkontext zu situieren.

Das folgende Kapitel rekonstruiert nun die historische Entwicklung, bevor dann die Aussagen einiger Autoren über religiöse Potenziale des Marktes präsentiert und kategorisiert werden. Ein weiteres, die Überlegungen zur kulturgeschichtlichen Genealogie des Marktes beschließendes Kapitel stellt mit dem angebots- und nachfrageorientierten Modell des Marktwirtschaftens zwei paradigmatische Rationalisierungsstrategien dar.

Geschichte des Marktes

Die Geschichte des Marktes nimmt ihren Ausgang in einer Entwicklung, die schon der »Hymnus auf Hermes«, wenngleich im übertragenen Sinne, verbildlicht, und zwar bei den Rindern des Apollon: Zu Beginn der Markt- und Wirtschaftsgeschichte stehen nämlich die Elemente Ackerbau und Viehzucht und das den Menschen als sprach- und vernunftbegabtes Wesen konstituierende Bedürfnis nach Austausch von Waren und Informationen. Durch die Ausdifferenzierung in den lokalen Ackerbau und die eher mobil organisierte Viehzucht entmonopolisierte sich der zuvor im Stammesverbund aus einer Hand zu gewährleistende Nahrungsmittelerwerb. Die so genannte »Neolithische Agrarrevolution«, in die uns nur lückenhafte Einblicke möglich sind, sorgte für einen Kulturwandel, indem die sesshafte bäuerliche Lebensweise sich herausbildete. Der Tausch von überschüssigen Produkten aus der eigenen Umgebung mit aus der Distanz erworbenen Waren wurde zum gegenseitigen Vertrauen stiftenden Alltagsgeschäft. Als in der Frühzeit der Zivilisationsgeschichte aufgrund technischer Neuerungen und dem Aufkommen des Privateigentums dann erstmals in größerem Maße Metall verarbeitet werden konnte, ließ dies zusätzlichen Handel und Wandel entstehen, der den Austausch lokal gebundener Ressourcen und den Kontakt unterschiedlicher Kulturen intensivierte. Erste Rohstoffwege, wie, um einige Beispiele zu nennen, die Zinnstraße, die Eisenstraße, die Bernsteinstraße, die Salzstraße oder die Seidenstraße geben von der Intensivierung des Handelsgeschehens Beleg. Die erhöhte räumliche Nähe durch marktwirtschaftlich motivierte Distanzüberwindung förderte somit im Abgleich mit den neuen Geschäftspartnern die Herausbildung der eigenen kulturellen Identität. Der stetige Kontakt der Marktteilnehmer, in dem sie fortan regelmäßig an einem gemeinsam bestimmten Ort über den Mechanismus von Angebot und Nachfrage den Tauschwert oder Preis einer Ware zu ermitteln suchten, definierte soziale Gewohnheiten und Standards, insbesondere seitdem die Lebensmittel- und Warenproduktion die Bedürfnisse des persönlichen Bedarfs überschritt.

In diesem Kontext waren das Auffinden von Rohstoffvorkommen und das Erfinden entsprechender Verarbeitungstechnologien Ausgangspunkte für die Innovation spezialisierter Werkzeuge und der Technikentwicklung insgesamt. Aus ersten Zentren der Rohstoffverarbeitung und des Handels gingen städtische Konglomerate hervor. Umfangreiche Infrastrukturen und Ordnungssysteme bildeten sich heraus, Händler nahmen ihre Profession auf. Infolge von Landflucht und Verstädterung substituierte die intermediäre Handelstätigkeit des Kaufmannsstandes zu einem großen Teil den direkten Tauschhandel zwischen Produzenten und Konsumenten. Schrift und Zahl, Vertrags- und Gerichtswesen, Staatlichkeit und Zollhoheit, Münzgeld und Bankwesen gingen aus dem distanzübergreifenden Warentausch- und Mitteilungsbedürfnis hervor. Bis heute sind sie tragende Fundamente jeder Marktwirtschaft und bilden den Ausgangspunkt für wirtschaftliches Wachstum und gesellschaftlichen Fortschritt. Ein durch konventionalisierte Ordnungsrahmen gelenkter Austausch privaten Eigentums begründete so, trotz mancher krisenhafter Rückschritte, in seinem Verlauf den Prozess der Zivilisation. War bereits im Kulturkontakt mit den Arabern deren Zahlensystem zur Notifikation von Waren- und Besitzständen übernommen worden, stellten die Entwicklung der Buchführung und die Verallgemeinerung der Zeitmessung weitere wichtige Rahmenbedingungen dar. Zunächst von den Eliten als Herrschafts- und Expertentechnik importiert, lösten sich Schrift und Zahl von ihren herrschaftlichen Begrenzungen und sorgten für die Hebung des allgemeinen Wohlseins sowohl in materieller wie in immaterieller Hinsicht.

Die Griechen und insbesondere die Römer nahmen weitere Vereinheitlichungen und eine systematische Verrechtlichung vor. Ersteren wird gerne die Erfindung des Exporthandels und die flächendeckende Einführung des Geldes als Tauschmedium zugeschrieben. Platon (428/427 bis 348/347 v. Chr.) bemerkte, um einen hervorgehobenen Exponenten antiken

Denkens stellvertretend zu Worte kommen zu lassen, in seiner »Politeia«, dass es sinnvoller sei, die Bauern verwendeten nicht ihre Zeit zum Warenverkauf, sondern überließen dieses Geschäft besser den Krämern, die sich die Zeit auf dem Markt um die Ohren schlagen könnten. Die Landwirte könnten sich dann vollständig der ihnen zugedachten Arbeit widmen. Aus der Bekundung des Ahnherrn der Philosophie, die im Dialog mit Sokrates (469 bis 399 v. Chr.) erste Prozesse der Arbeitsteilung reflektiert, kommt zudem die Geringschätzung eines nach Gewinn strebenden Händlertums in der hellenistischen Zeit zum Ausdruck, wie sie schon in dem in der frühen Antike tradierten Mythos des Hermes kultiviert wurde:

> »›Aber innerhalb der Stadt selbst? Wie sollen sie da einander liefern, was ein jeder herstellt? Gerade deshalb haben wir ja die Gemeinschaft gebildet und die Stadt gegründet.‹ ›Offenbar geschieht das doch durch Kauf und Verkauf‹, erwiderte er. ›Somit bekommen wir also einen Markt und, als gültiges Tauschmittel, das Geld.‹ ›Ja, gewiss.‹ ›Wenn nur der Bauer oder sonst ein Handwerker etwas von seinen Erzeugnissen auf den Markt bringt, aber nicht zur selben Zeit dorthin kommt wie die Leute, die etwas bei ihm eintauschen möchten – wird er da auf dem Markt herumsitzen und seine Arbeit versäumen?‹ ›Auf keinen Fall‹, erwiderte er, ›sondern da finden sich Leute, die sich für dieses Geschäft zur Verfügung stellen, wenn sie das sehen. In den gut eingerichteten Städten sind das meistens die körperlich Schwächsten, die zu keiner Arbeit zu brauchen sind. Dort auf dem Markt müssen sie nun warten, und dann kaufen sie gegen Geld bei denen, die etwas verkaufen möchten, und geben es dann gegen Geld wieder denen ab, die kaufen wollen.‹«[3]

Auch die noch heute gängige Benennung des Marktgeschehens als Ökonomie geht auf die Antike zurück. »Oikos« bedeutet im Griechischen »Haus«. Mit dem Begriff ›Ökonomie‹ wurden zunächst gemäß der erwähnten Wortbedeutung die in der privaten Haushaltung des Bürgers zusammenfließenden Handelsbewegungen belegt, späterhin weitete sich der Begriff auf den öffentlich-staatlichen Sektor, im Sinne der noch gegenwärtig verwendeten Vorstellung vom Staatshaushalt, aus. Die heute geläufige Einteilung in Mikro- und Makroökonomie setzt die antike Unterteilung einer privaten und einer öffentlich-nationalstaatlichen Sphäre des Wirtschaftens in gewisser Weise fort.

In der klassischen Antike hatte der Markt als eigener Bezirk den Weg ins räumliche Zentrum des städtischen Zusammenlebens gefunden, war jedoch ursprünglich ein politischer Bereich. In Athen gab es beispielsweise die von Steinen umgrenzte »Agora« als Zentrum des politischen und gesellschaftlichen Lebens der Stadtbürger, an deren Rand in dafür eingerichteten Säulenhallen (›Stoa‹) Händler ihre Waren feilboten; was übrigens unter der Aufsicht von Beamten (›Agoranomoi‹) geschah, die darauf achteten, dass auf dem Markt Ordnung herrschte und keine falschen Maße und Gewichte verwendet wurden. Erst im Laufe der Zeit verdrängte das bunte Markttreiben die Kontemplation um die Heiligtümer und das politische Geschehen. Denn die steigende Bevölkerungszahl in den Städten erforderte eine Öffnung der ursprünglich auf Autarkie ausgerichteten Hauswirtschaften, um die Versorgung mit Lebensmitteln, Rohstoffen und Produkten zu gewährleisten. Ein schönes Bild von der Mannigfaltigkeit eines antiken Marktes ist von dem attischen Politiker Eubulos (um 405 bis um 335 v. Chr.) überliefert:

> »In Athen bekommt man alles an demselben Ort zu kaufen: Feigen, Zeugen für gerichtliche Verhandlungen, Trauben, Rüben, Birnen, Äpfel, Denunzianten, Rosen, Mispeln, Haferflocken, Honigwaben, Kichererbsen, Prozesse, Lotteriemaschinen, Schwertlilien, Laternen, Wasseruhren, Gesetze und Anklagen.«[4]

Bezahlt wurden die Waren und Dienstleistungen hauptsächlich mit dem von Sklaven in Bergwerken abgebauten Silber, aus dem Münzen geprägt wurden.

Eine der wichtigsten Innovationen im Zusammenhang mit dem Markt in der europäischen Antike waren sozusagen die Eulen aus Athen. Nach ihrem Ursprungsort Athen ließen sie sich nämlich seit Einführung des Münzgeldes zurücktragen. Die Göttin Athene, die die Griechen als Schutzherrin von Weisheit, Wissenschaft und Klugheit verehrten, zierte als Wappentier Athens das neu geprägte Geld, das den Handel aus dem Status des reinen Warentauschs in eine andere Phase der Ökonomie überführte. Im Volksmund erhielt die Golddrachme den schon erwähnten Spitznamen »Eule«. Und tatsächlich herrschten in Attika aus heutiger Sicht goldene Zeiten: Athen erhob zeitweise keine Steuer von seinen Bürgern. In besonders ertragreichen Jahren bekamen die Bürger sogar einen Anteil vom Staatsüberschuss. Der Reichtum der Händler, die wesentlich zu der Prosperität Athens beitrugen, kam vor allem über das Meer. Straßen und landgebundene Infrastruktur waren nur wenig entwickelt.

Auf die klassische Antike und deren Ausläufer folgte die Epoche Alexanders des Großen (356 bis 323 v. Chr.) und seiner Nachfolger, in der sich infolge der expansiven Politik das Marktgebiet ausweitete. An zahlreichen Münzfunden kann die Erstreckung des auf Kriegs- und Handelszügen basierenden Weltreichs rekonstruiert werden. Auch baulich legte Alexander einige den Typus des Marktes prägende Städte an, wie etwa Pirene. Dort befand sich der Marktplatz direkt im Kreuzungsbereich der in die Stadt führenden Straßen, und es wurden eigens Säulenhallen für die Händler errichtet. Über die legendäre Gestalt Alexanders hinaus ist für jene Phase vor allem Prosperität durch Landnahme zu verzeichnen.

Die Römer wiederum sorgten in ihrem zivilisatorischen Projekt für den Ausbau der Handelsbeziehungen auf dem Landweg, indem sie die bekannte Welt von Rom aus neu ordneten. In ihre Ägide fällt eine umfangreiche Vereinheitlichung von Handel, Politik, Rechtsprechung, Münzwesen und Maßeinheiten. Bedeutsam ist auch die Umstellung der Währung von Silber auf Gold in der Spätantike. Durch diese regulatorischen Maßnahmen entstand ein einheitlicherer Markt, welcher durch das geometrische Wegenetz strukturiert und zugänglich gemacht wurde. Viele gegenwärtige Verkehrsmagistralen und Alpenpässe beruhen auf römischer Anlage. Aber auch der

Ausbau von Häfen und Kanälen sorgte für bessere logistische Voraussetzungen des Handels. Hand in Hand gingen hierbei militärstrategische und wirtschaftliche Interessen. Möglichst unkomplizierte Nachschubanlieferung und eine reibungslose Versorgung der Soldaten in den entferntesten Regionen waren Garantie für die Stabilität des »Imperium Romanum« und gewährleisteten einen kalkulierbaren Warenumschlag. Die auf dem geschilderten infrastrukturellen Fundament gründende realhistorische Tatsache, dass alle Wege nach Rom führen, blieb bis in die Gegenwart im kollektiven Gedächtnis der Sprache erhalten.

Einen stabilitätssichernden Ordnungsrahmen fand das Handelswesen, das in den Städten auf dem Forum und in eigens errichteten Markthallen am Rande des Marktplatzes oder aber auch auf speziellen Sondermärkten angesiedelt war, durch umfangreiche Regulierungen im römischen Recht. Niedrige Steuern und geringe Zollkosten aufgrund des großen Binnenwirtschaftsraums arrondierten die günstigen Marktbedingungen. Dennoch blieb das Ansehen der Marktakteure nachrangig, weil es sich nach zeitgenössischem Urteil bei ihnen um Vertreter von Berufsständen handelte, die durch ihre marktschreierische Tätigkeit den Hass der Mitmenschen auf sich zögen, wie Marcus Tullius Cicero (106 bis 43 v. Chr.) den römischen »Common Sense« in seinen Ausführungen über das »Pflichtgemäße Handeln« zusammenfasste. Außerdem waren in historischer Perspektive die Händler zumeist entlassene Sklaven, weshalb ihnen die geburtsfreien Bürger ablehnend gegenüber standen. In der Spätphase des Imperiums nahmen politische Instabilitäten zu und das organisatorische Geschick der Römer wandte sich aufgrund von Überregulierung gegen den wirtschaftlichen Fortschritt. Zahlreiche Regierungs- und Verwaltungsreformen mündeten in Dirigismus und Bürokratie. Infolge der Tendenz zur gesellschaftlichen Durchorganisation bildeten sich erste Berufsverbände, vergleichbar den heutigen Kammern, die ihre Interessen gegen das Gemeinwohl durchsetzten. Unter Kaiser Diokletian (zwischen 236 und 247 bis um 312) erreichte die staatliche Durchdringung des wirtschaftlichen Geschehens bis dahin ungekannte Ausmaße. Aus politischen Gründen wurden Preise und Gehälter festgeschrieben, die Mechanismen des freien Marktes in weiten Teilen ausgesetzt. Waren wurden nun vielfach zugeteilt und nicht mehr offen auf dem Markt gehandelt. Um den Dirigismus zu umgehen, entwickelte sich allerdings ein florierender Schwarzmarkt, der wiederum verschärfte Edikte nach sich zog. Die über einen langen historischen Zeitraum hinweg aufgebaute organisatorische Stärke des römischen Staates hatte sich somit zu einem ökonomischen Nachteil entwickelt.

Die Plünderung Roms und der Untergang des »Imperium Romanum« leiteten eine neue Phase in der Geschichte des Marktes ein. Der christliche Arbeitsethos des »ora et labora« und die in Retrospektive auf die Kirchenspaltung durch Max Weber (1864 bis 1920) zu Ehren gelangte reformatorische Arbeitsethik trugen über die Jahrhunderte hinweg zur Intensivierung von Handel und Wandel bei. Jahr- und Wochenmärkte, die nach Pippins (der Jüngere, um 714 bis 768) erstmaliger Erlaubnis im Jahr 744 auf den zentralen Plätzen der wachsenden frühmittelalterlichen Bischofsstädte stattfinden konnten, boten im Jahreskreis verlässliche Plattformen für das Aufeinandertreffen von Angebot und Nachfrage. Auch bei Kaiserpfalzen, Klöstern oder an Herrensitzen bildeten sich Märkte. Einzelne davon hoben sich aufgrund ihrer Attraktivität heraus und entwickelten sich zu Jahrmärkten, so etwa der Jahrmarkt von Saint-Denis in der Île-de-France, der seit Mitte des 8. Jahrhunderts alljährlich nach Ende der Weinlese im Oktober im Schatten der Grablege der fränkischen Könige abgehalten wurde.

Die zentrale Lage des Marktplatzes, um den sich die europäische Stadt idealtypisch gruppiert, verweist auf die Bedeutung des Marktes als Handels- und Gerichtsort und ist nicht nur räumlich zentral, sondern auch von immenser Wichtigkeit für die Kultivierung des friedlichen Zusammenlebens. In den mittelalterlichen Städten erlangte im Zuge der so genannten »Kommerziellen Revolution« des 10. Jahrhunderts das Marktrecht den Rang eines konstitutiven Bestandteils dessen, was eine Stadt – neben der Mauer zum Schutz gegen äußere Feinde und der eigenen Gerichtsbarkeit zur Aufrechterhaltung der inneren Ordnung – ausmachte. Marktorte genossen zahlreiche Privilegien, unter anderem königlichen Schutz und sicheres Geleit. Den Frieden des Marktes aufrecht zu erhalten, war ein wesentliches Ziel der mittelalterlichen Marktpolitik und des eigens dazu entwickelten Marktrechtes, das sukzessive von der Ebene des Reichs auf die kommunale Ebene übertragen wurde und ausgefeilte Regeln über den Zugang zum Handel, über Bannmeilen oder über die Gestaltung des Marktgeschehens im Allgemeinen umfasste.

Die rund um die Plätze erbauten Kaufmanns- und Bürgerhäuser repräsentierten die herausgehobene soziale Stellung und die gesellschaftlichen Ansprüche des durch Handel erstarkten Wirtschaftsbürgertums. Markt und Stadt verschmolzen sozusagen. Oftmals sind politisches und wirtschaftliches Leben in der mittelalterlichen Rathausarchitektur miteinander verbunden, denn viele der Rathäuser verfügen über integrierte Marktlauben und dienten an Markttagen als Unterstände und Handelsplätze. Später errichteten die Städte mehrgeschossige Kaufhäuser oder auch Markthallen, wie dies etwa in Freiburg im Breisgau noch heute unweit des Münsters zu besichtigen ist.

Dennoch differieren auch im christlich geprägten Mittelalter weiterhin die Praxis und die Wertschätzung der Repräsentanten des Marktes. Von großer Bedeutung für die weiterhin negative Beurteilung des Handels- und Finanzwesens sind insbesondere die Aussagen der Kirchenlehrer. Mit Verweis auf die Evidenz der »Heiligen Schrift« lokalisiert beispielsweise Thomas von Aquin (um 1225 bis 1274) die Marktakteure im Bereich des ›Schimpflichen‹. Der Händler habe seinem Wesen entsprechend keinen ehrenhaften oder notwendigen Zweck, dem er nachstrebe. Für Kleriker, führt er in seiner »Summe der Theologie« aus, sei der Handel offensichtlich verboten, weil er Sünde sei. Schließlich sei im Evangelium des Johannes verbürgt, dass Jesus Christus am Passahfest die Händler und Geldwechsler wegen Störung des Gottesdienstes aus dem

Tempel vertrieben habe. Als Antwort auf die Frage, ob es im Handel erlaubt sei, eine Sache teurer zu verkaufen, als man sie gekauft habe, antwortet Thomas nach ausführlicher Kommentierung der bereits ausgeführten biblischen Argumentation und in Rekurs auf die Autorität des Aristoteles (384 bis 322 v. Chr.) folgendes zur Rolle des Händlers:

> »Der Händler hat sich mit dem Austausch von Gütern zu befassen. Wie der Philosoph im ersten Buch der Politik sagt, ist dabei zu unterscheiden: Ein Tauschgeschäft kann natürlich und notwendig sein, weil es zur Befriedigung eines Lebensbedürfnisses erfolgt, sei es im Tausch von Gütern oder von Gut gegen Geld. Dieser Tausch ist natürlich nicht das Geschäft der Händler, sondern der Haushaltsvorstände und Staatslenker, die für Haus oder Gemeinwesen zuständig sind und die die entsprechenden lebensnotwendigen Vorkehrungen zu treffen haben. Das andere Tauschgeschäft von Sachen gegen Sachen oder Geld bezieht sich jedoch gerade nicht darauf, sondern erfolgt um des Gewinnes wegen. Das nun scheint der eigentliche Geschäftsbereich der Händler zu sein. Dem Philosophen zufolge ist das erste Tauschgeschäft lobenswert, weil es um der Verwirklichung einer Lebensnotwendigkeit willen erfolgt, das zweite Tauschgeschäft aber ist zu Recht zu tadeln, befriedigt es doch die Geldgier, die keine Grenze kennt und sich ins Unermessliche steigert. Und so betrachtet hat natürlich der Handel etwas grundsätzlich Schändliches an sich: Er hat weder ein ehrenhaftes noch ein notwendiges Ziel.«[5]

Trotz dieser negativen Beurteilung waren die Kaufleute in den Augen des Aquinaten und im starren Gefüge des mittelalterlichen »ordo« von heilsgeschichtlicher Bedeutung: Und zwar, wenn sie zweckgebunden für das Allgemeinwohl der Mitmenschen im Sinne christlicher »caritas« und nicht um des teuflischen Gewinnstrebens willen handelten. Das Erheben von Zinsen, das man gerne mit dem Begriff ›Wucher‹ versah, wurde ebenfalls als unchristlich erachtet. Vielmehr sind die Bettelmönche, wie etwa Dominikaner und Franziskaner, die Geld als weltliches Übel ansehen, explizite Modelle christlicher Reform und stilprägend für den intellektuellen Umgang mit dem Markt im Mittelalter. Wegen der verpönten Aura des Geldes fiel die Aufgabe des Handels- und Geldverleihens vor allem sozial ausgegrenzten Gruppen wie den Juden zu und schuf den Ausgangspunkt für religiös und später auch anderweitig motivierte Vorurteile und Aversionen bis hin zu Pogromen.

Eine dem Mittelalter eigene, auf die christliche Gemeinschaft ausgerichtete Kollektivität wirtschaftlichen Handelns findet in der Praxis der Allmende und der christlich motivierten Gemeinschaftsbindung des Eigentums Ausdruck, wie auch der dem Deutungsmonopol der Kirche zuträgliche »Ordo-Gedanke« der Aufrechterhaltung der feudalen Grundherrschaft diente. Trotz regelmäßiger Missernten und Hungerkatastrophen, die als Himmelszeichen in die geschlossene Weltordnung integriert wurden, gelang es langfristig, einen landwirtschaftlichen Ertragsschub zu generieren. Die Bevölkerung wuchs, und in der durch Landflucht begünstigten Verstädterung konnten sich erste protoliberale, auf das Individuum als Bezugspunkt ausgerichtete Vorstellungen herausbilden. Nicht zuletzt dieser Tatsache trägt der in jener Zeit entstandene Ausspruch Rechnung, dass Stadtluft frei mache.

Weiteren Aufwind bekam die mittelalterliche Ökonomie durch den Bau von Wind- und Wassermühlen in Europa am Ende des 12. Jahrhunderts. Die neuen Energiequellen lösten einen Mechanisierungsschub aus und gelten als erste europaweite Innovationswelle. Ebenfalls eine frische Brise brachte die Hanse in die Geschichte des Marktes. Der Städtebund konnte zunächst auf dem Tuchhandel aufbauen und sich mit der Gründung Lübecks zum Tor Westeuropas in den Osten etablierte. Vorrangig handelten die der Hanse angeschlossenen Kaufleute Produkte aus dem Wald wie Honig, Wachs, Holz, Pelze und Felle, Teer, Pech und dergleichen. Auch kam Fisch hinzu, und weitere Waren zur Versorgung der wachsenden Hansestädte folgten. 1356 wurde der »Erste allgemeine Hansetag« als Treffen der dem Verbund angeschlossenen Städte abgehalten. Damit war aus der marktwirtschaftlichen Organisationsform eine politische geworden. Der Zusammenschluss beruhte auf dem Prinzip des gemeinschaftlich organisierten Handels und des gegenseitigen Schutzes vor Seeräubern und Wegelagerern. Er schuf ein weit verzweigtes System von Vorrechten und Monopolen. Bis zu 200 Städte sollte die Gilde der deutschen Kaufleute in Blütezeiten umfassen. Die im Hansebund zusammengeschlossenen Städte trieben auswärtigen Handel und sicherten ihre gemeinsamen Interessen durch ihre militärische Präsenz auf See ab. Aufgrund eines Bevölkerungszuwachses um etwa das Vierfache in der Spanne zwischen 1100 und 1300 war im 14. Jahrhundert eine organisierte Versorgung städtischer Entwicklungszentren und des Hinterlandes mit Nahrungsmitteln notwendig geworden. Infolge dieses Anstiegs mussten auch die gesellschaftlichen Organisationsformen den neuen Bedingungen angepasst werden. Zunehmende Arbeitsteilung, höhere soziale Mobilität, Wirtschaftswachstum und institutioneller Wandel waren Komponenten dieser Aufbruchphase. Städte und deren Märkte und der interregionale Handel blühten auf, was auch den Lebensstandard der Bevölkerung verbesserte. Der Kaufmannsstand differenzierte sich weiter aus, genauso wie der Markt in Gestalt von Wochenmärkten, Messen, Jahrmärkten, speziellen Warenmärkten, wie etwa Fisch-, Pferde- und Weinmärkte, oder Stadt-, Umschlag- und Fernhandelsmärkte, sich den vielfältig gewandelten Gegebenheiten anpasste.

Die Kombination aus Handels- und Seemacht, die die Hanse im Kern ausmachte, war solange eine Erfolgsgeschichte, wie sie nicht mit nationalstaatlichen Interessen und dem daraus hervorgehenden merkantilistischen Protektionismus konfrontiert war. Außerdem war durch die Neuordnung des Warenverkehrs infolge der Entdeckungsreisen der Handel mit Fisch, der mit das Hauptgeschäft der Hanse war, in den Hintergrund getreten.

Hatten schon die auf geistiger und realpolitischer Expansion des Christentums beruhenden Kreuzzüge einen Kulturkontakt zwischen Orient und Okzident hergestellt, entstand aufgrund der sich ausweitenden Seehandelsbeziehungen eine erneute Neugierde an der Welt. Marco Polo (ca. 1254 bis

1324), der von 1271 bis 1295 Indien und China bereiste, berichtet in seinen mythenumwobenen, von Abenteuern umrankten Reisebeschreibungen »mirabilia mundi« von den Wundern und Besonderheiten der dortigen Welt. Spekulative Geschichten von unbekannten Völkern und unschätzbarem Reichtum machten in den Erzählungen des Mittelalters die Runde. Sie thematisieren eine Grundkonstante des menschlichen Lebens, das Streben nach Fortschritt und Glück. Solche Reiseberichte entfachten die Begierde nach unvorstellbaren Besitztümern, zu denen Marco Polo als einer der ersten den Weg gewiesen hatte. Zahlreiche Seemänner folgten trotz der negativen Beurteilung des Handels durch das Christentum dem Lockruf des Abenteuers und der damit verbundenen Verdienstmöglichkeiten.

Aus dieser Neuorientierung der Welt ergab sich der Aufstieg der Handelsstädte im Mittelmeerraum, vor allem Venedigs. Amalfi, Florenz, Genua, Mailand und Pisa teilten sich den Mittelmeerhandel mit der Lagunenstadt. Das Streben nach Glück und Wohlstand – wohl eine menschliche Sehnsucht par excellence – fand später gar Eingang in die amerikanische Verfassung. Der Glück und Reichtum spendende Stab des Hermes und die mit ihm verbundenen Versprechen entwickelten sich somit zum Leitbild ganzer Nationen.

Eine weit verbreitete spätmittelalterliche Erzählung, die diesem Streben nach Glück und Wohlstand an der Wende zur »Frühen Neuzeit« plastisch zum Ausdruck verhilft, ist die Geschichte von »Fortunatus«. Das im ausgehenden Mittelalter weithin bekannte Volksbuch entstammt der Feder eines namentlich nicht bekannten Autors. 1509 verließ es erstmals in Augsburg die Druckerpresse und fand rasch große Verbreitung. Rahmen der Handlung ist die gesamte zum Entstehungszeitpunkt bekannte europäische Welt. Insbesondere die zeitgenössischen Handelszentren bilden die Staffage für die Abenteuer des Zyprioten Fortunatus. Da dieser in seiner Heimat keine Perspektive sieht, verlässt der aus der Peripherie des spätmittelalterlichen Europa stammende Fortunatus die Haushaltung seiner Eltern Theodorus und Graciana und schließt sich dem im Hafen von Zypern angelandeten Grafen von Flandern an. Mit seiner Gewandtheit vermag er sich rasch eine herausgehobene Stellung am Hof des Adligen zu erwerben. Doch Neid und Missgunst führen zu einer Intrige des Hofstaats gegen den Neuling. Er verlässt überstürzt den Hof und verläuft sich nach seiner überhasteten Flucht in einem Wald. Nach mehreren Tagen ohne Nahrung erscheint ihm seine Lage so aussichtslos, dass er nur noch um höheren Beistand zu flehen vermag. Sein Flehen wird im letzten Moment von der Glücksgöttin Fortuna erhört. Sie stellt Fortunatus zur Wahl, ihn entweder mit grenzenloser Weisheit oder mit nie versiegendem Reichtum zu belehnen. Der vom Hunger gezeichnete Bittsteller wählt den versprochenen Reichtum, um sich etwas zu essen kaufen zu können. So erhält Fortunatus einen geheimnisvollen Geldbeutel, der stets mit genügend Münzen gefüllt ist und dessen Reichtum niemals versiegt. Egal welche Landeswährung er in Zukunft benötigen wird, die Geldbörse stellt sie ihm und seinen Nachfahren bereit, sofern er sich nicht das Geheimnis des Beutels entlocken oder diesen stehlen lässt. Mit dieser Wohlstandsversicherung im Gepäck reist Fortunatus kreuz und quer durch alle städtischen Zentren Europas und wird, ausgestattet mit dem nötigen Grundkapital, als Händler aktiv. Seine Geschäfte und die stets gefüllte Geldbörse verhelfen ihm zu ansehnlichem Reichtum und sozialem Aufstieg. Nach einer langen Reise durch Europa wird er allerdings von Heimweh geplagt und kehrt nach Zypern zurück, um sich dort niederzulassen und zu heiraten. Anstelle seines Elternhauses lässt er einen Palast errichten und nimmt seinen Altersruhesitz. Nach seinem Ableben wechselt der Geldbeutel auf seine Söhne Andolosia und Ampedo, die mit diesem nicht recht umzugehen wissen und somit das von Fortunatus erworbene Glück und den Reichtum verspielen.

Trotz der modernen Thematik – viele Interpreten weisen auf die Auseinandersetzung mit der in Schwung gekommenen kapitalistischen Ökonomie am Übergang zur Neuzeit hin – verbleibt die Moral der Anfang des 16. Jahrhundert verfassten Erzählung noch in traditionell christlichen Deutungsmustern. Im Epilog wird den Lesern und Zuhörern der alttestamentarische König Salomo als Vorbild anempfohlen. Er habe sich seinerzeit – mit derselben Entscheidung wie Fortunatus konfrontiert – richtig entschieden. Weisheit und nicht Torheit und rein materielles Wohlergehen habe er gewählt. Hierin haben wir einen weiteren Beweis dafür, dass erfolgreiches Markthandeln immer noch einen eher negativen Ruf hatte. Andererseits bündeln sich in der Geschichte des Fortunatus der Zukunftsoptimismus und die Hoffnung nach gesellschaftlichem Aufstieg im Streben nach Glück, Reichtum und Wohlstand. Auch verweist die Geschichte auf eine zweite Facette modernen Denkens: auf die Idee der Individualität und das in ihr angelegte Streben nach Freiheit des Individuums von äußeren Zwängen. Nicht die Gruppe, sondern das auf sich gestellte Individuum und – von diesem als Bezugspunkt ausgehend – dessen Relationen zur sozialen Umwelt stehen im Mittelpunkt der Erzählung. Die von der Renaissance programmatisch geforderte Rückbesinnung auf die klassische Antike rückte das Individuum in den Fokus der Aufmerksamkeit. Und auch der Handel wird in der Figur des Fortunatus, abgesehen von der den zeitgenössischen Konventionen geschuldeten Moral im Nachwort, als eine erstrebenswerte Angelegenheit und Möglichkeit zur Erlangung individuellen Reichtums präsentiert.

Die von der Antike und vom Christentum kultivierte negative Bewertung des Marktes und seiner Akteure befindet sich, wie an dem literarischen Beispiel gezeigt werden sollte, auf dem Rückmarsch, wenngleich sie latent als ein wirkmächtiges Register des abendländischen Kulturgedächtnisses vorhanden blieb. Durch die einsetzende Säkularisierung des Traums von einem paradiesischen goldenen Zeitalter, um in biblischen Worten zu sprechen, einem Land, wo Milch und Honig fließen, wird der Markt und das in ihm agierende Individuum zum Topos und zum Schöpfer von Glück und Reichtum. Noch Friedrich Schiller (1759 bis 1805) bedichtete in seinem Lied von der Glocke, das zu Ende des 18. Jahrhunderts entstand (1799), das Glücksstreben – im Vergleich zum 16. Jahrhundert um ein Weiteres säkularisiert – als Leitmotiv einer marktwirtschaftlich-homozentrisch organisierter Zivilisation:

> »Der Mann muss hinaus
> Ins feindliche Leben,
> Muss wirken und streben
> Und pflanzen und schaffen,
> Erlisten, erraffen,
> Muss wetten und wagen,
> Das Glück zu erjagen.
> Da strömet herbei die unendliche Gabe,
> Es füllt sich der Speicher
> mit köstlicher Habe,
> Die Räume wachsen,
> es dehnt sich das Haus.«[6]

In die Entstehungszeit des Fortunatus, um uns wieder in den zeitlichen Reigen der kulturhistorischen Genealogie des Marktes einzugliedern, fällt die Entdeckung der »Neuen Welt«. Die mit ihr verbundene »Kopernikanische Wende« verursachte eine weitere Welle des Kulturkontaktes nach den Kreuzzügen und war die Grundlage für eine auf Grundstoffen und neuen Absatzgebieten basierende Expansion der Märkte, aber auch Einfallstor des Kolonialismus.

Das 15. Jahrhundert war eine Zeit großer Veränderungen. Eine grundlegende Innovation in diesem weiteren Kulturkontext ist der Buchdruck mit beweglichen Lettern, der um die Mitte des 15. Jahrhunderts von Johannes Gutenberg (1400 bis 1468) erfunden wurde und die Möglichkeiten medialer Kommunikation revolutionierte. Auch im Bereich der Warenmärkte ergaben sich einschneidende Veränderungen. Mit der Eroberung Konstantinopels, das dem Mittelmeerhandel als Hauptstützpunkt diente, durch die Türken im Jahr 1453 stiegen die Preise für Importwaren. Die mittelmeerischen Handelsstädte verloren an Bedeutung. Infolge dieser Entwicklung intensivierten die Herrscherhäuser und Seefahrernationen die Suche nach Alternativen für günstige Warenimporte. Die Entdeckungsfahrten mit dem Ziel, neue Handelswege zu erschließen, wiesen Europa den Weg zur »Neuen Welt« sowohl

Richtung Indien als auch Richtung Amerika und eröffneten über den Handel mit Gewürzen und Spezereien neue Geschäftsmodelle, Gewinnmöglichkeiten und Absatzmärkte.

Pionier war der Genueser Kaufmannssohn Christoph Kolumbus (1451 bis 1506), der auf den Spuren Marco Polos, sogar mit dessen Reisebericht über die »Wunder der Welt« bepackt, am 14. Oktober 1492 auf dem Seeweg die »Neue Welt« erreichte. Mit seinem kaum 25 Meter langen Schiff »Santa Maria« vermeinte er, den Seeweg nach Indien ausfindig gemacht zu haben, weswegen er die angetroffenen Menschen in seinem Reisetagbuch auch als Indianer bezeichnete. Erst fünf Jahre später erreichte Vasco Da Gama (um 1469 bis 1524) tatsächlich Indien auf dem Seeweg um das »Kap der Guten Hoffnung«. Im Anschluss an den Brückenschlag Europas sowohl nach Osten als auch nach Westen boten sich vielfältige neue Möglichkeiten. Handelsgesellschaften entstanden, die an den Küsten der entdeckten Gebiete im Westen oder in den asiatischen Hafenstädten Stützpunkte aufbauten. Dass die Überfahrten nicht nur aus reiner Neugierde und aus geographischem Entdeckerdrang unternommen wurden, sondern mit dem Auftrag zur Erschließung von Rohstoffen und zum Ausbau der Handelsbeziehungen, ist dem Reisetagebuch des Christoph Kolumbus zu entnehmen, das von einem wahren Ansturm der Ureinwohner berichtet. Nahrung erhielt dieser vor allem durch die von den Seefahrern mitgebrachten billigen Tauschwaren. Der Entdecker Amerikas notierte für den 11. und 12. Oktober 1492 in sein »Bordbuch«, dass er den tauschbegierigen »Indianern« »rote Kappen und Halsketten aus Glas und noch andere Kleinigkeiten von geringem Werte« gegeben habe,

> »worüber sie sich ungemein erfreut zeigten. Sie wurden zu so guten Freunden, dass es eine helle Freude war. Sie erreichten schwimmend unsere Schiffe und brachten uns Papageien, Knäuel von Baumwollfaden, lange Wurfspieße und viele andere Dinge noch, die sie mit dem eintauschten, was wir ihnen gaben, wie Glasperlen und Glöckchen. Sie gaben und nahmen alles von Herzen gern – allein mir schien es, als litten sie Mangel an allen Dingen.«[7]

Diese Bereitwilligkeit nutzten die im Auftrag der großen europäischen Dynastien nach Übersee gereisten Entdecker in der Folge aus. So hatte der Portugiese Ferdinand Magellan (1480 bis 1521), der für Spanien zur See fuhr und dem mit einer kleinen Armada von fünf Schiffen die erste Weltumsegelung glückte, eine Unzahl an Gegenständen an Bord. Spiegel, Glöckchen, Messer, Scheren, Bürsten, Kämme und weitere Billigwaren sollten ihm als Tauschobjekte für den von seinen Auftraggebern ersehnten Goldreichtum dienen. Nachdem 1494 in Nürnberg der erste Globus gefertigt worden war, konnte nun aufgrund der neuen Seewege auch die Globalisierung des Marktes Fahrt aufnehmen. Schon die zeitgenössische Literatur wusste um die immense Bedeutung, die den Reisen der spanischen und portugiesischen Entdecker und Eroberer zukam, waren sie doch dem Wunsch nach Marktexpansion und Reichtum entsprungen. Der von Adam Smith (1723 bis 1790) in seinen »Untersuchungen über die Natur und die Ursachen des Wohlstandes« ausführlich beschriebene »unstillbare Hunger nach Gold« des Merkantilsystems brach aus.[8] Denn mit den Seefahrten der Pioniere schienen grenzenlose Betätigungsfelder für Handel und Wissenschaft und ungeahnte Rohstoffvorkommen erschlossen. Nicht berücksichtigt wurden von den Eroberern aber die volkswirtschaftlichen Auswirkungen und die mythologische Überzeichnung ihrer von der Suche nach Gold und Edelmetallen geleiteten Streifzüge, wie Adam Smith kritisch anmerkt:

> »Wenn auch solche Vorhaben auf Grund vernünftiger Abwägung und Erfahrung durchweg höchst ungünstig beurteilt worden sind, so hat doch die menschliche Habgier zumeist zu einer ganz anderen Entscheidung geführt. Dieselbe Leidenschaft, die so vielen Menschen die absurde Idee vom Stein der Weisen eingegeben hat, hat anderen den ebenso widersinnigen Gedanken von unermesslich reichen Gold- und Silberminen suggeriert. Sie haben dabei nicht bedacht, dass der Wert dieser Metalle zu allen Zeiten und in allen Völkern hauptsächlich von ihrer Knappheit herrührt und diese wiederum darauf beruht, daß in der Natur nur ganz kleine

> Mengen davon an irgendeiner Stelle zu finden sind, noch dazu durchweg von hartem und schwer zu bearbeitendem Stein überlagert, weshalb überall viel Arbeits- und sonstiger Aufwand erforderlich sind, um zu den Metallen vorzustoßen und sie zu gewinnen. Solche Menschen bilden sich aber ein, auch von diesen Metallen könne man an vielen Orten ebenso mächtige und reiche Adern finden, wie man sie gewöhnlich von Blei-, Kupfer-, Zinn- oder Eisenvorkommen her kennt. Sir Walter Raleighs Traum von der goldenen Stadt und dem goldenen Lande Eldorado mag Beweis genug sein, daß selbst weise Männer nicht immer von solch wunderlicher Täuschung frei oder verschont sind. Mehr als hundert Jahre nach dem Tode dieses großen Mannes war der Jesuit Gumila noch immer davon überzeugt, dieses Wunderland existiere wirklich, und er sprach mit viel Wärme, ja, ich darf sagen, mit ernster Aufrichtigkeit davon, wie glücklich er doch sein würde, wenn er das Licht des Evangeliums einem Volke bringen dürfte, welches das fromme Werk seiner Missionierung reich belohnen könnte.«[9]

Mit der Neuperspektivierung des Weltbildes und den ökonomisch motivierten Entdeckungsfahrten sind, und hierin zeigt sich die Ambivalenz der einsetzenden Globalisierung, sowohl der Beginn der Unterdrückung der Ureinwohner und der Untergang der Azteken- und Majareiche unter Hernán Cortéz (1485 bis 1547) und Francisco Pizarro (1476 oder 1478 bis 1541) verbunden als auch im weiteren Verlauf die »Amerikanische Unabhängigkeitserklärung« (4. Juli 1776) und das Prinzip der individuellen Freiheit als Verfassungsgebot. Die Siedlungskolonisation begünstigte die rücksichtslose religiöse Missionierung Lateinamerikas und das Entstehen von Despotien genauso wie den Zuzug der von Glaubensgenossen in Europa nicht geduldeten Pilgerväter nach Nordamerika und die Entwicklung einer auf dem Wert der Freiheit basierenden Demokratie. In der Wende zur Neuzeit kontrastiert erstmals die »helle Seite« der mit Renaissance und Aufklärung begonnenen Entwicklung der Individualisierung des Menschen mit der »dunklen Seite« der Sklaverei und des Raubbaus an der Natur.

In längerer Frist sorgte der immense Rohstoffabbau für die Übersättigung des Edelmetallmarktes und für das Aufkommen neuer Märkte, aber auch für das Einbrechen der Preise, ganz zu schweigen von den Folgen für Natur und Ureinwohner der eroberten Gebiete. Doch zu Beginn des Zeitalters der Entdeckungen ließen sich sehr gute Geschäfte mit den Bodenschätzen machen. Aufgrund von Spekulationen nahm die im Umlauf befindliche Geldmenge erheblich zu. Dem wachsenden Kapitalmarkt trug eine Reihe finanztechnischer Innovationen Rechnung. Im Vergleich zum Warenmarkt gewannen Banken und das Aktien- und Finanzwesen an Bedeutung. Das lässt sich auch daran festmachen, dass ausgehend vom italienischen Kulturraum Wörter wie Kapital, Bank, Konto, Giro, Bankrott, Kasse, Kredit, Bilanz, Aktie, brutto, netto und dergleichen mehr neu geprägt wurden und in viele europäische Sprachen übergingen. Aber nicht nur im Geldwesen sind an der Wende zur Neuzeit etliche Innovationen zu vermelden, sondern auch im damit einhergehenden Berichtswesen. 1494 gilt als Geburtsjahr der doppelten Buchführung, die Ende des 15. Jahrhunderts erstmals in den italienischen Handelszentren eingesetzt wurde. Zwar hatten zuvor schon die Chinesen oder, wie berichtet, die Römer frühe Formen der Finanzverwaltungsorganisation gekannt, doch Kaufmänner und Financiers, die Könige, Kaiser und Kirche mit finanziellen Mitteln ausstatteten und aufgrund ihrer Forderungen Staatsbankrotte auslösen konnten, waren neu.

Mit dem Aufstieg der Handels- und Kaufmannsfamilien sind – neben den an Macht und Einfluss alle überstrahlenden Medici in Florenz – im deutschen Sprachgebiet vor allem die Namen Fugger und Welser in Augsburg verbunden. Das durch ihre intensive Tätigkeit wachsende Handelsvolumen ließ Finanzplätze und Messen, wie z. B. die Mailänder Messe, entstehen. Aus dem Gasthof der flandrischen Familie Van de Beurse, der hauptsächlich zur Unterkunft von Kaufleuten und zum regelmäßigen Abschluss von Geschäften diente, leitete sich die späterhin generalisierte Bezeichnung ›Börse‹ für einen Kapital- und Warenhandelsplatz ab. Rechnen und der als

Kaufmannsschlüssel bezeichnete Dreisatz wurden im Gefolge der Institutionalisierung des Handels zum Bestandteil jeglicher Kaufmannsausbildung. Auch die Gebietskörperschaften gaben einen ordnenden Rahmen vor, wie beispielsweise infolge der 1524 erlassenen ersten Reichsmünzordnung die Kölner Mark zur Grundlage des deutschen Münz- und Gewichtswesens erhoben wurde. Zu kämpfen hatten die Händler jedoch mit den unzähligen Zollstationen. So machten die Zollkosten oftmals bis zu einem Drittel des Warenwertes aus. Das lag etwa daran, dass auf dem Rhein zwischen Basel und Köln über 30 Wasserzölle erhoben wurden oder die Kaufleute ihre Waren im so genannten Stapelhandel zunächst der einheimischen Bevölkerung feilbieten mussten, bevor sie diese in der Ferne veräußern konnten. Wollten die Händler die Zölle nicht zahlen, wurden schlichtweg ihre Waren eingezogen. Das Marktgebiet war durch die Zollhoheit der Landesfürsten fragmentiert und erschwerte den Handelsverkehr massiv. So ist es nicht verwunderlich, dass sich alternative Formen des marktwirtschaftlichen Handelns entwickelten.

Der Ausbau der Geldwirtschaft trug wesentlich dazu bei, diese Probleme zu beheben. In den Dreißigerjahren des 16. Jahrhunderts richtete man in Antwerpen etwa die erste Börse in einem eigens dafür ausgewiesenen Gebäude ein, um über das Warengeschäft hinaus dem Handel mit Papieren, Wechseln und Verschreibungen nachzugehen. Waren, die vor Ort verkauft wurden, mussten in dieser Marktform nicht mehr unbedingt vor Ort präsent sein, sondern wurden mittels schriftlicher Verträge über den ganzen Kontinent hinweg gehandelt. Mit der Wende zur Neuzeit verließ sozusagen die Marktwirtschaft den ihr im Mittelalter angestammten Platz und entwickelte sich zu einem eigengesetzlichen gesellschaftlichen Teilsystem ohne räumliche und zeitliche Beschränkung auf einen bestimmten Raum oder eine bestimmte Zeit, wie dies noch beispielsweise bei Messen oder Jahrmärkten jahrhundertelang vorhielt. Dies war selbstverständlich auch anderenorts im »Deutschen Reich« der Fall. 1540 entstand in Augsburg eine Börse. Vom deutschen Florenz, wie die Stadt als wichtigster Handelsplatz im deutschen Gebiet gerne in Analogie zu der norditalienischen Kommune genannt wurde, versorgten die Fugger und Welser mit ihren Handelsgesellschaften Päpste und Kaiser der inzwischen von Nikolaus Kopernikus (1473 bis 1543) aus dem Zentrum des Weltalls gerückten Welt mit Waren und Geld. Von der portugiesischen Krone erhielten sie das Recht zugesprochen, mit drei Schiffen an einer der ersten Fahrten in das neu entdeckte Indien teilzunehmen.

In den Jahren von 1571 bis 1574 trat die sogenannte »Kleine Eiszeit« mit einer Reihe von kalten Wintern und verregneten Frühjahren ein. Dieses Wetterphänomen, das am Rande zeigt, dass der Klimawandel kein rein neuzeitliches Problem ist, hatte massive Ernteausfälle und drastische Preiserhöhungen für Getreide zur Folge. Viele Städte reagierten mit Zuzugssperren für Stadtfremde und dem öffentlichen Ankauf von Getreide zur Versorgung der Bevölkerung, wie dies beispielsweise in den Handelszentren Augsburg und Nürnberg geschah. Um die Abhängigkeit vom heimischen Nahrungsmittelmarkt zu verringern und die auf den Überfahrten entdeckten Länder zu exploitieren, fanden sich Handelskompanien zusammen.

Als hervorgehobenes Beispiel darf die »Vereenigde Oostindische Compagnie« (VOC) gelten, die mit ihrem über Seehandel mit Fernost erworbenen Reichtum das so genannte »Goldene Zeitalter« (»Gouden Eeuw«) der Niederlande begründete und infolge von Wohlstand und Mäzenatentum etwa in Rembrandt van Rijns (1606 bis 1669) Bildern bis heute gültigen künstlerischen Nachruhm einer prosperierenden Handelsphase beanspruchen kann. Diese erste Aktiengesellschaft für Gewürzhandel war ein privater Zusammenschluss mehrerer Händler und Firmen, die die investitionsintensiven Handelsbeziehungen und Transportstrecken nach Indien und Fernost gemeinsam verantworteten. Noch heute ziert die älteste erhaltene Originalaktie der VOC vom Beginn des 17. Jahrhunderts die Börse in Amsterdam.

Dass zu jener Frühzeit des internationalen Finanzmarktes der Zusammenhang zwischen den Börsen und der mythologischen Figur des Hermes bzw. des Merkur noch ausgesprochen präsent war, belegen die von Don Joseph de la Vega (ca. 1650 bis 1692) verfassten »Dialoge über die Börse in Amsterdam«, die unter dem Titel »Die Verwirrung der Verwirrungen« ins Deutsche übersetzt wurden und als eine der ersten systematischen Auseinandersetzungen mit der neuen Marktform des Börsenhandels gelten dürfen. Darin reflektieren in klassischer Wechselrede ein Kaufmann, ein Philosoph und ein Aktionär über das »Rätsel des Börsengeschehens«. Letzterer führt in barock-emblematischer Argumentation einige interessante Beobachtungen zur Genealogie des Aktienmarktes aus dem Mythos ins Feld. Neben börsenpraktischen Weisheiten, wie etwa dass die Erwartung einer Tatsache für die Börse wichtiger sei als die Tatsache selbst, berichtet der Aktionär im ersten Dialog darüber,

> »dass Merkur die Börse erfand, denn Merkur ist der Name des Quecksilbers und quecksilbern ist das Wesen der Spekulanten. Ferner ist der Gott Merkur der Schutzherr von Räubereien, wie von Vulkan mit seinen Waffen, Venus mit ihrem Gürtel. Es bestätigt obige Meinung der Umstand, dass Merkur von den Dichtern auch für den Gott des Handels gehalten wird, weshalb auf der Insel Candia die Merkurialspiele gefeiert wurden, es nannten nämlich die Astrologen die Kaufleute Merkuriales. Noch bezeichnender ist die Tatsache, dass es an der Börse viele Ehrgeizige gibt, die nicht nur Flügel an den Füßen wie Merkur tragen, um wie Dädalus herabzufliegen, sondern auch mit Flügeln am Kopf hoch empor steigen wollen, um wie Phaeton zu verbrennen. Sogar die Abzeichen des Merkur weisen auf diese Spekulanten hin oder bedeuten ihre Verurteilung. Der Stab des Gottes besteht aus einem Scepter umgeben von zwei Schlangen (dem Symbol der Ewigkeit bei den Ägyptern). Die Spekulanten aber wollen nicht nur Alleinherrscher sein, sondern ewig regieren. Es gefällt ihnen das Scepter wie dem Adam, aber die Schlangen reizen sie wie Adam mehr zu sein als sie vermögen, um schließlich weniger zu werden als sie zuerst waren.«[10]

Eine besondere Blüte der Geschichte des Marktes ist, um weiterhin in den Niederlanden und beim Thema des Börsengeschehens zu verweilen, die so genannte Tulpenspekulation des Jahres 1637. Bei dieser Krise handelt es sich nicht mehr, wie noch etwa bei der Wachstumskrise der »Kleinen Eiszeit«, um ein dem Markt exogenes Ereignis, sondern um eine der ersten vom Markt beziehungsweise von dessen auf Mehrung ihres Reichtums bedachten Akteuren selbst induzierten Krisen. Die aus dem vorderen Orient stammende Tulpenpflanze brachte die Wirtschaft der aufstrebenden Handels- und Seefahrernation in Turbulenzen. 1593 war sie erstmals im botanischen Garten der Universität Leiden kultiviert worden. Die Blume, deren Name sich vom alttürkischen Wort für ›Turban‹ herleitet, gehörte seinerzeit zum exotischen Schick und galt als besonderer Ausweis sozialer Distinktion. Der immens steigenden Nachfrage stand allerdings nur ein begrenztes Vorkommen der Tulpenknolle gegenüber, weswegen Warenterminspekulationen ausbrachen. Für die Sorte »Semper Augustus« wurden zeitweilig Preise von bis zu 1000 Gulden pro Zwiebel erzielt, bis Neuzüchtungen geschäftstüchtiger Händler eine inflationäre Marktschwemme verursachten und die Spekulationsblase platzte.

Nach ersten praktischen Erfahrungen mit dem auf die überseeischen Länder ausgeweiteten Markt und dessen Chancen und Risiken passte sich auch die Handels- und Wirtschaftspolitik den neuen Gegebenheiten an und entwickelte mit dem System des Merkantilismus ein Wirtschaftsmodell, das sich zugunsten landesherrschaftlicher Interessen ausdrücklich gegen den freien Markt und eine offene Handelskultur positionierte. Im Merkantilismus bündelt sich der Versuch der absolut regierten Territorialstaaten, sich einen möglichst großen Anteil am Welthandel und an den Rohstoffvorkommen zu sichern. Diese Entwicklung korreliert mit der Idee des absoluten Staates, der – im Ausspruch Ludwig des XIV. (1638 bis 1717) »l'etat c'est moi« kulminierend – den Staat als Garant und Finanzier herrschaftlicher Prachtentfaltung sah. Der französische Finanzminister Jean-Baptiste Colbert (1619 bis 1683) entwickelte zur Deckung des immensen Mittelbedarfs der absolutistischen Hofführung das merkantilistische System, das einen Handelsbilanzüberschuss und protektionistische Maßnahmen ins Zentrum wirtschaftlicher Tätigkeit rückte. Rohstoffe sollten möglichst preiswert importiert werden, während Fertigprodukte möglichst teuer exportiert werden sollten. Außerdem waren aus dem Ausland angeworbene Arbeitskräfte zur Produktion der Produkte in den neu entwickelten Manufakturen vorgesehen. Hohe Schutzzölle waren ebenso eine Konsequenz wie ein langjähriger Handelskrieg zwischen Frankreich und den Niederlanden. Im Abrücken der führenden Mächte Spanien, Portugal, England, Frankreich oder der Niederlande vom offenen Welthandel zeigt sich eine erste Gegenbewegung zur einsetzenden Globalisierung der Märkte.

Das Ziel einer aktiven Handelsbilanz wurde mit dem Aufbau von Handelshemmnissen erreicht. Schutzzölle und Einfuhrbeschränkungen ließen den Handel mit Schmugglerware florieren. Bislang unbekannte Genussmittel wie Tabak, Schokolade, Tee oder Kaffee, die aus den Kolonien nach Europa kamen und besonders heiß als Schmuggelgut begehrt waren, wirkten sich längerfristig sogar auf die Kultur und das soziale Miteinander auf dem Kontinent aus. Hatte die einfache Bevölkerung sich infolge der schlechten Wasserqualität vielfach mit Biersuppe ernährt, reduzierte die Einführung der exotischen Getränke über längere Frist den Alkoholgenuss, wenngleich die protestantische Mäßigkeitsbewegung Kaffee ebenso wie Branntwein noch für lange Zeit verboten wissen wollte.

Die Kolonialisierung der eroberten Länder, aus denen die exotischen Genussmittel kamen, erschloss parallel zahlreiche Rohstoffvorkommen, die zur Weiterentwicklung der Verarbeitungskapazitäten beitrugen. Indigo, Gummi Arabicum, Edelmetalle, Edelsteine, Pelze und Felle, Textilien, Porzellan oder weitere Kolonialwaren traten an die Seite der Genussmittel. Deren Expedition wurde auf eigens gegründete Handelsgesellschaften übertragen. Mit den monopolähnlichen Privilegierungen einzelner Zusammenschlüsse ließen sich einträgliche Gewinne erwirtschaften. Beispielsweise erlangte die VOC mit ihrem Monopol für Nelken und Muskat bis zu 75 Prozent Rendite. Zwar mussten sich die Händler infolge der einfachen Transportinfrastruktur und der langen Reisewege auf Nahrungs- und Genussmittel mit längerer Haltbarkeit und guter Transportabilität beschränken, zusehends entwickelten sie aber auch neue Methoden der Konservierung.

Die unzähligen Entdeckungen beflügelten den wissenschaftlich-technischen Fortschritt und brachten eine Gründungswelle im wissenschaftlichen Bereich, etwa im Akademiewesen, mit sich. Beispielsweise konstituierte sich 1635 die »Academie Française«. Und die durch neue Erfahrungswelten auch empirisch belegten Theorien und astronomischen Erkenntnisse von Forschern wie Galileo Galilei (1564 bis 1642), Johannes Kepler (1571 bis 1630), Isaac Newton (1642/42 bis 1726/27) oder Francis Bacon (1561 bis 1626) trugen zur Entzauberung des Himmels bei. Sie entfachten den Kampf der Wissenschaft mit der Kirche um das Deutungsmonopol der Welt.

Veränderungen gab es auch im staatlichen Bereich. Schon immer kreativ im Aufbringen von Steuereinnahmen und angesichts zahlreicher klima- und kriegsbedingter Hungermiseren auf Alternativen angewiesen, förderten die Territorialherren das Heimischwerden überseeischer Nahrungsmittelpflanzen wie Mais, Kartoffeln, Bohnen, Paprika oder auch Tabak. So kam es zur Luxuswarenbesteuerung von Sonnenblumen, Tulpen oder Dahlien. Insbesondere in klimatisch schlechter gestellten Gebieten wurde ab Mitte des 17. Jahrhunderts die Kartoffel heimisch und trug wesentlich zum Aufbau der Bevölkerungszahlen nach der »tabula rasa« des Dreißigjährigen Krieges und somit zur bevölkerungspolitischen Restituierung der kriegerischen Folgen der Kirchenspaltung bei. Nur zwei Jahrhunderte später war die Erdknolle, dem Patronat Friedrichs des Großen (1712 bis 1786) geschuldet, in deutschen Landen zum Grundnahrungsmittel Nummer eins avanciert.

Aus der Veränderung des Konsums infolge der erstmals am Markt erhältlichen überseeischen Waren und Produkte leiteten sich neue Erwerbschancen ab. Hafenstädte waren erste Anlaufpunkte der Überseeflotten und Umschlagplätze zur Verteilung der Prosperität in das Hinterland. Der Ausbau der Logistikbranche brachte in diesen Wachstumszentren zahlreiche Menschen in Lohn und Brot. Die Anteilseigner der lukrativen Geschäftszweige begründeten ein reiches Bürgertum, welches sich als freigebiger Wohltäter präsentieren und im Kunstmäzenatentum betätigen konnte. Die reichlich sprudelnden Steuern füllten die Staatskassen und waren Grundlage barocker Gestaltungsfülle der absolutistischen Regenten. Zuckerraffinerien, Kaffeehäuser, Kartenproduktion, Messinstrumentenbau und dergleichen mehr sind einige der neuen Geschäftsmöglichkeiten. In kleinerem Rahmen setzte auch eine gewerbliche Verarbeitung und Manufakturierung von Porzellan, Stoffen und Wolle und die Textilveredlung ein. Mit Pfeffermühle, Tee-, Kaffee- oder Schokoladengeschirr, Orangenpresse, Kartoffelreibe oder Tabakspfeife wurden Gerätschaften zum Genuss oder zur häuslichen Verarbeitung der Überseeprodukte entwickelt. Kurfürst Friedrich Wilhelm von Preußen gründete in diesem von Expansion geprägten Kontext mit der »Handelscompagnie an den Küsten von Guinea« im Jahr 1682 eine erste deutsche Aktiengesellschaft. Weitere zum Handel mit Kolonialwaren folgten.

Zum Import und der damit zusammenhängenden Produktpalette traten selbstverständlich auch die durch die Ausweitung der Absatzmärkte gewonnenen Exportmöglichkeiten. Insgesamt wirkten die überseeischen Handels- und Kolonialbeziehungen auf die Ausweitung der Märkte und förderten das wirtschaftliche Wachstum. Struktureller Wandel durch Handel zeigte sich also nicht nur durch die neuen Lebens- und Genussformen – wie etwa der Kaffee als kleiner Muntermacher oder das Rauchen von Tabak, das zunächst als exotisch widerständige Handlung aufgefasst wurde und sich im Laufe der Moderne von der Genussform der Pfeife über die Zigarre zur Zigarette beschleunigte –, sondern durch den Markt selbst.

Über den Import von Orangen, Melonen, Zitronen und anderer Südfrüchte vermittelt, entfaltete sich ein Exotismus, der sich etwa in der Anlage von Chinesischen Gärten, Tempeln, Orangerien, Sammlungen von Exotika oder kostbarstem Nippes niederschlug, wie sie durch Schloss Pillnitz nahe Dresden oder die Sammlungen des »Grünen Gewölbes« in der sächsischen Landeshauptstadt mustergültig repräsentiert sind. Zoologische und botanische Gärten sind weitere Zeugnisse der Öffnung und der Repräsentanz der »neuen« in der »alten Welt«. Sicherlich ist es kein reiner Zufall, dass die Suche nach der Herstellung von Chinoiserie, mithin die Suche nach Reichtum und Gold, nach langen alchimistischen Versuchen zu jener Zeit in Person von Johann Friedrich Böttger (1682 bis 1719) nur wenig elbabwärts in Meißen von Erfolg gekrönt war. Außerordentlich große Gewinnversprechungen, die sich August der Starke (1670 bis 1733) von der manufakturiellen Herstellung des »weißen Goldes« auf der Meißener Albrechtsburg erwartete, drückten sich darin aus, dass zunächst der Merkurstab als Zeichen der Manufaktur das Porzellan zierte, bevor er durch die bekannten Schwerter abgelöst wurde.

Auf die Kolonialisierung folgte, um die Ereignisse kurz zusammenzufassen, die von Neugier und Kuriosität angeleitete Integration der überseeischen Waren und die Entwicklung von damit zusammenhängenden Innovationen und Geschäftsmodellen, bevor sich in einem weiteren, reflexiven Schritt die Systematisierung und enzyklopädische Aneignung der neu perspektivierten Welt anschloss.

In diesem Kontext sind die Gründungen zahlreicher Universitäten und die Aussendung von Forschungsexpeditionen zu sehen. Praxisbezogene Akademien, z. B. für Bergbau, entstanden, um den Abbau der neugewonnenen Rohstoffvorkommen zu professionalisieren. Nichts weniger verdanken wir diesem von den Ideen der Aufklärung getragenen geistes- wie auch realgeschichtlich wirksamen Projekt der Entdeckungen als die Neuordnung und systematisch-wissenschaftliche Erschließung der Welt. Ein wichtiger Vorreiter war in dieser nach Kenntnis und Erkenntnis der Natur und der Natur des Menschen strebenden Richtung der Schwede Carl von Linné (1707 bis 1778), der eine umfassende, noch bis heute gültige Klassifizierung von Tieren und Pflanzen vornahm. Im deutschen Sprachraum entstand im Gefolge der französischen Enzyklopädisten, die an ihre aufklärerische Arbeit an der

Dokumentation des Weltwissens politische Zwecke knüpften, Johann Heinrich Zedlers (1706 bis 1751) »Universal-Lexikon«. Mitte des 18. Jahrhunderts begründete dieses Werk die enzyklopädische Tradition in deutscher Sprache. In 60 voluminösen Bänden versammelten die beteiligten Gelehrten das Weltwissen der damaligen Zeit von A wie »A, als Buchstabe« bis Z, wie »Zwochau, ein Dorf in Meissen«. Für unseren Zusammenhang von großem Interesse ist der Eintrag zum Stichwort ›Markt‹, der hier komplett wiedergegeben werden soll, um einen Überblick zum zeitgenössischen Marktverständnis zu geben: Markt

> »heisset derjenige öffentliche geraume Platz, der etwan mit zierlichen Gebäuden umgeben, oder mit Schräncken eingefasset, und wo man zu gewissen Zeiten allerley Victualien und andere Waaren zum Verkauf darstellet, daher dergleichen Ort auch Marckt-Platz, Lateinisch *Forum*, Frantzösisch *Marche*, *Place* genennet wird. Sonst verstehet man auch öfters das Kauffen und Verkauffen selbst darunter, welches im Lateinischen *Mercatus* und *Nundine*; im Frantzösischen *Marche* und *Foire* heisset, und eine bestimmte Zeit anzeiget, da an einem gewissen, bequemen und dem oben beschriebenen Orte etwas zu Kauff gestellet wird. Es bekommt im übrigen dieser seinen Beynamen eines Theils nach der Zeit, wenn nemlich Marckt gehalten wird, und da heist er ein Jahr- oder Wochen-Marckt; andern Theils nach denen Waaren, so darauf zum Verkauff vorhanden, und eine iede nach ihrer Art vermöge der Ordnung beysammen an einem Ort ausgestellet zu finden, als da ist der Vieh-Marckt, Roß-Marckt, Fisch-Marckt, Holz-Marckt, Kohlen-Marckt, Korn-Markt, Brod-Marckt, Bauer-Marckt, Obst-Marckt, Vogel-Marckt, wiewohl einige die drey letzten Arten zusammen unter dem Wort Nasch-Markt verstehen, weil diese allerley so gemeine als auch delicate Victualien von mancherley zahmen und wilden Geflügel, Wildpret, Butter, Eyer, Käse, Früchte, Obst und was dergleichen mehr, zu Kauffe bringen. Der Werth nun, den die Leute so mit einander handeln, und unter sich vor eine Ware ausmachen, wird gemeiniglich der Marckt-Preis oder der Marckt-Kauff genennet, und pfleget derselbe bald zu steigen, bald zu fallen, nachdem von einer Waare

> wenig oder viel vorhanden ist. Es wird hergegen auch in einer wohl eingerichteten Policey eines und das andere Stücke auf Befehl der Obrigkeit durch gewisse darzu bestellte Leute geschätzet, und demselben, sonderlich aber dem ausgeschlachteten Fleisch, dem Brod, und dergleichen weil solches von mancherley Einkauff und Güte, der Preis gesetzet oder darzu vorgeschrieben, wie es eine disfalls gemachte Marckt-Ordnung erfordert, darinnen nicht nur wegen gedachten Marckt-Preisses Verfügung geschiehet, sondern auch alles besorget und angeordnet ist, was zur Marckt-Freyheit und Gerechtigkeit diensam; folglich wird darinnen auch untersagt der schädliche Auf- und Vorkauff derer Höcken [= Personen, die Hökerei/Kleinhandel betreiben]; falsches Maaß, Wage und Gewicht; untüchtiges Kauff- und Marckt-Gut; alle Unordnung, Zanck, Streit und Schläge, und wegen dessen zu welchem Ende von dem Stadt-Rath gewisse Personen gesetzet, welche acht haben müssen, daß die einmal vorgeschriebene Ordnung beständig in guter Observantz bleiben möge, und welche zugleich in denen geringen Kleinigkeiten Richter abgeben sollen, wenn ihre Entscheidung darüber verlanget wird, ja welche das Stand-Geld einzufordern haben und anderes mehr.«[11]

Rekapitulieren wir die in der weitschweifig blumigen Sprache des 18. Jahrhunderts formulierten Vorstellungen vom Markt, wie sie »Zedlers Universal-Lexikon aller Wissenschaften und Künste« in Band 19 aus dem Jahr 1739 am Übergang zur Neuzeit festhält, so tritt die Qualität einer zeit-räumlich und inhaltlich klar umgrenzten Institution zum Vorschein, deren Kernbestand das Aufeinandertreffen von Angebot und Nachfrage ist. Für den Aspekt einer historischen Genealogie des Marktes ist die hier lexikalisch gefasste Herauslösung aus einer konkret räumlich zuordenbaren Handelsstätte, konzentriert im mittelalterlichen Marktplatz, zu verzeichnen. Die räumliche gebundene Tatsache des Tausches von Ware gegen Ware und die Imagination des Marktes als Warenausstellung sind damit überschritten. Dass sich die Einteilung der Märkte nicht mehr nur an ihrer zumeist kirchlich-religiös konnotierten Verortung im Jahreskreis orientiert, sondern zunehmend nach den auf ihnen gehandelten Waren selbst kategorisiert wird, mithin ganze Städte wie etwa Mailand für typische Waren stehen, stellt einen weiteren Schritt der historischen Genealogie des Marktes dar. Kaufen und Verkaufen als marktkonstitutive Handlung, nicht das Zur-Schau-Stellen der Waren an bestimmten kirchlichen Festtagen stehen somit im Zentrum, wobei wesentliches Ergebnis jeglichen Marktes die Aushandlung des nach oben und unten flexiblen Preises ist. Besonders betont der Eintrag in »Zedlers Universal-Lexikon« die Ordnung des Marktes, die einerseits als vorgegebene Verfassung des Marktgeschehens, andererseits als regulatorischer Eingriff durch obrigkeitliche Maßnahmen ausgestaltet werden kann. Die »Markt-Freyheit« konstituiert also keine rein negative Verfassung, sondern impliziert eine Vielzahl an Regelungen. Zuwiderhandlungen gegen die Ordnungsform des Marktes werden deshalb auch von einer eigens dazu berufenen Körperschaft gerichtlich verfolgt. Im Prinzip haben wir hier, abgesehen von der Engführung auf Warenmärkte, alle Merkmale, die noch bis heute unsere Vorstellung vom Markt als zeitlich definiertem Ort des Aufeinandertreffens von Angebot und Nachfrage zwecks Aushandlung des Preises prägen.

In Konflikt geriet die vom Lexikoneintrag festgehaltene Tendenz zur Autonomisierung des Marktes jedoch mit der auf strenger Regulierung basierenden Wirtschaftspolitik, die von den absoluten Monarchien des 17. und 18. Jahrhunderts zur merkantilistischen Förderung der nationalen Wirtschaftskraft praktiziert wurde. Nur selten hielten sich die absolutistischen Ökonomien an die von Zedlers Lexikon formulierte Maxime, dass der »Markt-Kauff [...] eine Art des Werthes in der Bürgerlichen Gesellschaft« darstelle, »den die Leute, die mit einander handlen, selbst unter sich machen, und in Ansehung der Rarität, nachdem von einer Waare wenig, oder viel da ist, zu steigen oder zu fallen pfleget.«[12]

Interventionistische und dirigistische Eingriffe basierten auf der Annahme, der Reichtum einer Nation liege vornehmlich im Besitz von Edelmetallen, insbesondere im Reichtum an Gold begründet. Zur Anhäufung der Gold- und Silbervorräte sollte der Export von überschüssigen Waren beitragen, wobei der Import von Fertigwaren nach Möglichkeit unterbunden und lediglich die Einfuhr günstiger Grundstoffe zugelassen wurde. Der Schutz vor ausländischer Konkurrenz mündete in der gezielten Förderung und Subventionierung inländischer Fertigungsstätten und der Abwerbung ausländischer Arbeitskräfte, worin das Manufakturwesen seinen Ursprung hat. In diesen unter dem Begriff des Merkantilismus bereits erwähnten protektionistischen Zusammenhang fügt sich die Suche nach Surrogatprodukten, da Importe negativ in der Handelsbilanz zu Buche schlugen. Auf diese Weise entstand etwa Kaffee-Ersatz aus Zichorien, und aus Rüben gewonnene Saccharose setzte sich als Substitut für Rohrzucker durch. Später, im Gefolge der napoleonischen Kontinentalsperre, war die Einfuhr von Rohrzucker sogar eine Zeit lang überhaupt nicht möglich, was der Saccharose dann zum Durchbruch als Süßungsmittel verhalf. Die gewerbsmäßige Porzellanherstellung ist ein weiteres Beispiel für handelspolitisch geprägte Produktinnovationen und Technologieschübe.

Zu jener geschichtlich ereignisreichen Zeit an der Wende zur Moderne setzt in kritischer Auseinandersetzung mit dem System des Merkantilismus eine erste von machtpolitischen Erwägungen abgelöste kritisch-wissenschaftliche Reflexion ökonomischer Zusammenhänge ein. Mit dem französischen Arzt und Ökonomen François Quesnai (1694 bis 1774) oder dem britischen Gelehrten Adam Smith tritt das Prinzip des Freihandels gegen den Merkantilismus ins Feld.

Zwei wesentliche Stationen der Menschheitsgeschichte sah Adam Smith in der Entdeckung Amerikas und des Seeweges nach Indien. Durch sie sei der potenzielle Markt ausgeweitet und aus der europazentristischen Perspektive absolutistischen Wirtschaftens herausgelöst worden. Sein wirtschaftspolitisches Plädoyer gilt der Rückbesinnung auf den Mechanismus des Ausgleichs von Angebot und Nachfrage über den Preis. Insofern verwahrt er sich gegen jegliche staatliche oder sonstige Intervention in das Marktgeschehen und befürwortet für den internationalen Handel ein liberales System der freien

Ein- und Ausfuhr. Geleitet wird er in seinen Überlegungen von der in Renaissance und Aufklärung entwickelten Idee der Freiheit des Individuums. Diese Grundkonstante moderner westlicher Zivilisation entwickelt er dahingehend weiter, dass der auf dem Individualitätsgedanken fußende Eigennutz der Einzelnen Grundlage für den allgemeinen Wohlstand sei. Damit kehrt er die Sichtweise, die zur Herausbildung des merkantilen Systems führte, in ihr Gegenteil. Ging dieses vom absolutistischen Staat als Wohlstandsgenerator aus, erblickt Smith die Grundlage für den Wohlstand der Nationen im Handeln der einzelnen Menschen. Das Agieren der Individuen am Markt veranschaulicht er in seinen »Untersuchungen über die Natur und Ursachen des Wohlstandes der Nationen« anhand des Tauschbegriffs:

> »Jeder, der einem anderen irgendeinen Tausch anbietet, schlägt vor: Gib mir, was ich wünsche, und du bekommst, was du benötigst. Das ist stets der Sinn eines solchen Angebotes, und auf diese Weise erhalten wir nahezu alle guten Dienste, auf die wir angewiesen sind. Nicht vom Wohlwollen des Metzgers, Brauers und Bäckers erwarten wir das, was wir zum Essen brauchen, sondern davon, dass sie ihre eigenen Interessen wahrnehmen. Wir wenden uns nicht an ihre Menschen-, sondern an ihre Eigenliebe, und wir erwähnen nicht die eigenen Bedürfnisse, sondern sprechen von ihrem Vorteil. Niemand möchte weitgehend vom Wohlwollen seiner Mitmenschen abhängen, außer einem Bettler, und selbst der verlässt sich nicht allein darauf. [...] Wie das Verhandeln, Tauschen und Kaufen das Mittel ist, uns gegenseitig mit fast allen nützlichen Diensten, die wir brauchen, zu versorgen, so gibt die Neigung zum Tausch letztlich auch den Anstoß zur Arbeitsteilung.«[13]

Eindeutig sind für Smith die Eigeninteressen der Individuen Antriebskräfte des gesellschaftlichen Fortschritts, weshalb ihm der von eigennützigen Individuen konstituierte Markt ein autonomer Ort gesellschaftlicher Wohlstandsproduktion ist. Lediglich flankierende Maßnahmen wie die Aushandlung einer Ethik und die Vorgabe gesetzlicher Regelungen durch den

Staat dienen ihm als Schutzmechanismen gegen überbordenden Eigennutz. Seine Überzeugung ist, dass der Wettbewerb dem Egoismus Grenzen setzt, da Anbieter und Nachfrager einer Ware zum Abschluss ihres Geschäftes sich gegenseitig ins Benehmen setzen müssen. Durch das friedensstiftende Element des Verhandelns würde der natürliche Egoismus des Menschen sozialisiert. Unter dem Schlagwort der ›unsichtbaren Hand‹ hat dieser Vorstellungszusammenhang Eingang in die Ideengeschichte gefunden. Indem diese die Marktakteure zu einem von ihnen nicht primär intendierten Zweck leite, profitierten sowohl das Individuum als auch die Gemeinschaft. Grundvoraussetzung für die Funktionsfähigkeit des Mechanismus sei jedoch ein möglichst wenig beschränkter, freier Markt.

In diese Kerbe schlugen schon die Initiatoren der »Boston Tea Party« im Jahr 1773. Indem sie gegen die hohen Einfuhrzölle und das britische Teemonopol demonstrierten, betätigten sich die nordamerikanischen Kolonisten als handgreifliche Vorreiter der von Adam Smith drei Jahre später in seinem berühmten Buch aufgeschriebenen Gedanken. War es zunächst das Versprechen von Religionsfreiheit, das die Pilgerväter in die Emigration führte, generalisierten sie Freiheit zu ihrem höchsten Wert, unter dessen Banner sie sich gegen die Zoll- und Steuerpolitik der »Britischen Krone« wandten. Verkleidet als Indianer enterten sie ein unter englischer Flagge fahrendes Schiff im Hafen von Boston und warfen den darin gelagerten Tee über Bord. Als Reaktion auf diese Protestaktion kam es zu weiteren Handelssperren sowie politischen und bewaffneten Auseinandersetzungen zwischen der Britischen Krone und den Kolonisten. Nicht zuletzt wegen dieser marktpolitischen Restriktionen schlossen sich die 13 nordamerikanischen Kolonien zusammen und erklärten im weiteren Verlaufe der Streitigkeiten ihre Unabhängigkeit. In großzügiger Verknappung der Darstellung der Ereignisse kann durchaus davon gesprochen werden, dass die Frage nach der Gestalt des Marktes einen wesentlichen Impuls zur Unabhängigkeitserklärung der Vereinigten Staaten von Amerika im Jahr 1776, in dem auch

Smiths Schrift über den »Wohlstand der Nationen« erschien, beigetragen hat.

Zur engen Verquickung von Wirtschaft und Politik in der Emanzipationsbewegung der Menschheit trat der agrarische, technologische und soziale Fortschritt. Durch die Verbesserung des Fruchtwechsels und der Pflanzenzüchtung, aber auch durch Reformen der staatlichen Verwaltung setzte eine Phase der Prosperität ein. Mit der Verwendung der Kartoffel als Nahrungsmittel sowie der Entwicklung von Düngern und Pflanzenschutzmitteln verbesserte sich die Ernährungssituation entscheidend. Die von Justus von Liebig (1803 bis 1873) und findigen Chemikern und Agronomen entwickelten Methoden zur Steigerung der Erträge ermöglichte neues Wachstum. Die Einführung des regelmäßigen Fruchtwechsels oder die großflächige Urbarmachung ehemaligen Sumpflandes schuf die Grundlage für ein stetiges Bevölkerungswachstum. Auch die endgültige Aufhebung der feudalen Agrarverfassung im Rahmen der »Bauernbefreiung« trug hierzu bei.

Und in den Fabriken kam Zug um Zug James Watts (1736 bis 1819) im Jahr 1769 patentierte Dampfmaschine zum Einsatz. Mit der Bereitstellung von Bewegungsenergie durch Dampfmaschinen war der technische Beginn des Industriezeitalters markiert. Die Territorialisierung von Industrie auch an von natürlichen Gegebenheiten, wie mit Wind- oder Wasserkraft, nicht sonderlich verwöhnten Orten bedeutete den Einstieg in die flächendeckende industrielle Massenproduktion. Kurz vor Watts Dampfmaschine hatte Hargreaves' (wohl 1720 bis 1778) »Spinning Jenny«, ein mechanischer Webstuhl, ebenfalls in der Textilherstellung einen Produktivitätsschub ermöglicht. Die Ausweitung des Manufakturwesens in industrielle Formen, etwa mittels mechanischer Webstühle, und die Entstehung der Kohle-, Erz- und Stahlindustrie aufgrund der Dampftechnologie wurden begleitet von der Aufteilung der Arbeitsschritte, wie sie auch von Adam Smith in seinem berühmten Stecknadelbeispiel beschrieben worden ist. Folgen der »Industriellen Revolution« waren ein rasches Bevölkerungswachstum, Landflucht, Pauperismus sowie die

Entstehung des Industriearbeitertums und der Arbeiterbewegung. Die backsteinernen Fabrikgebäude entwickelten sich zum Symbol der »Industriellen Revolution«, die ungefähr den Zeitraum von 1750 bis 1850 umfasste. Manchester erlangte in dieser Phase den Status der Industriestadt schlechthin und galt den Zeitgenossen als positives wie auch negatives Beispiel der Folgen der Modernisierung. Die nordenglische Stadt stand stellvertretend für die frühindustrielle kapitalistische Produktionsform und galt zugleich als Wirtschaftsmotor und Armutshochburg.

Auch auf dem Feld der Politik kam es in der genannten Zeitspanne zu großen Umwälzungen. Die »Französische Revolution«, die die Ideen der Aufklärung nun auch auf die gesellschaftliche Verfasstheit ganzer Nationen ausweitete, ist das prägendste Ereignis und signalisiert die vollzogene Wende zur Moderne. Auch unter Marktgesichtspunkten führten die Revolution und die in ihrem Nachgang zu verzeichnenden Entwicklungen zu wichtigen Neuerungen. Zum Beispiel verhalf sie dem Dezimalsystem zum endgültigen Durchbruch in Europa. Durch die Übernahme des Systems in zahlreichen anderen Ländern verbesserte sich die Marktkompatibilität. Handelshemmnisse wurden abgebaut. Ein Meter war fortan überall in 100 Zentimeter unterteilt. Als Handelsgrundlagen galten jetzt nicht mehr die von Ort zu Ort unterschiedlichen Maße wie Schuh oder Elle, die noch vielmals als Relikt vergangener Tage an öffentlichen Gebäuden oder Kirchen zu sehen sind. Waren wurden nunmehr in Kilogramm und Gramm gewogen. Eine zusätzliche Welle der Vereinheitlichung brachte die Einführung des »Code Civil« unter napoleonischer Herrschaft.

Das Vorreiterland der »Industriellen Revolution« war allerdings England, nicht das von Napoleon (1769 bis 1821) zentralistisch geführte Frankreich. Es kam am ehesten dem Idealbild nahe, das sich Adam Smith von einer auf offenen Märkten und individuellen Interessen gegründeten Wirtschaftsordnung gemacht hatte. Der erfolgreichen Öffnung der Märkte auf der britischen Insel stellte sich allerdings eine

Gegenbewegung der Marktabschottung auf dem europäischen Festland entgegen. Weniger fortschrittliche Nationen sahen keine andere Möglichkeit, als sich von der Entwicklung in England abzukoppeln. So verfocht beispielsweise der deutsche Ökonom Friedrich List (1757 bis 1831), auch wenn er sich anderweitig als Vorkämpfer des Zollvereins betätigte, die Idee des Protektionismus', da dieser eine notwendige Bedingung zur Entstehung neuer Industrienationen sei. Trotz dieser generellen volkswirtschaftlichen Überlegungen bereiteten die vor allem von Preußen zu Beginn des 19. Jahrhunderts vorangetriebenen Reformen von Heinrich Friedrich Karl vom und zum Stein (1757 bis 1831) und Karl August von Hardenberg (1750 bis 1822) einer nachholenden Industrialisierung den Boden. Als eine entscheidende Voraussetzung für die Bildung des freien Unternehmertums ist die Einführung der Gewerbefreiheit in Preußen zu erwähnen. Durch die protoliberalen Reformen war in gewissem Rahmen jedermann zur Ausübung eines eigenen Gewerbes berechtigt. Das bildete die Vorraussetzung für Innovationen und größere Investitionen von Privatiers in zukunftsträchtige Technologien, was einen Aufschwung des Bankenwesens mit sich brachte. So wurde, um Beispiele der einsetzenden Industrialisierung und deren Folgen im »Deutschen Reich« zu nennen, im Jahr 1802 der Gasherd erfunden, gab 1809 die Dillinger Hütte die erste deutsche Aktie aus oder gründete der Kaufmann Ernst Wilhelm Arnoldi (1778 bis 1841) im Jahr 1818 die erste deutsche Handelsschule in Gotha.

Zu kämpfen hatte der deutsche Binnenmarkt mit einem ganz anderen Problem. Durch die föderale Struktur des »Deutschen Bundes« war es schwierig, eine gemeinsame Zollpolitik aufzulegen. Zwar war schon bei der Gründung des Bundes im Jahr 1815 eine gemeinsame Zollpolitik formuliert worden, es sollte aber noch bis 1834 dauern, bis sich unter Preußens Führung einige deutsche Länder zur Schaffung eines einheitlichen Binnenmarktes im »Deutschen Zollverein« zusammenschlossen. Dadurch entstand eine Freihandelszone, in der ungefähr 30 Millionen Menschen lebten. Auch wenn es zu keiner Einheitswährung kam, konnten doch erste Schritte zur Harmonisierung der föderalen Einzelwährungen eingeleitet werden. Statistiken weisen aus, dass sich bereits Ende der 1830er Jahre ein reger Warenfluss zwischen den nord- und süddeutschen Ländern entwickelt hatte. Ein landesweit einheitlicher Markt mit einheitlicher Währung war aber erst gut dreißig Jahre später, nach Ende der Industrialisierungsphase, mit der Reichsgründung im Anschluss an die drei so genannten »Einigungskriege« gegeben.

Gab es bis dahin in der Kohärenz des Binnenmarktes nur graduelle Fortschritte, führte der Bau von Eisenbahnstrecken zu stark verbesserten Transportbedingungen und einem enormen Entwicklungsschub. Schon vor Eröffnung der ersten Eisenbahnstrecke in Deutschland erkannte Johann Wolfgang von Goethe (1749 bis 1832) die positive Wirkung der Infrastruktur und integrierter Märkte für die Entwicklung Deutschlands. Er sah in der infrastrukturbedingten Marktintegration sogar die wichtigste Voraussetzung für die zu erlangende Einheit der Nation. So gab Goethe gegenüber seinem Adlatus Johann Peter Eckermann (1792 bis 1854) mit Blick auf die Zukunft der deutschen Nation in einem Gespräch vom 23. Oktober 1828 zu Protokoll:

> »Mir ist nicht bange, sagte Goethe, daß Deutschland nicht eins werde; unsere guten Chauseen und künftigen Eisenbahnen werden schon das Ihrige tun. Vor Allem aber sei es eins in Liebe untereinander! Und immer sei es eins gegen den auswärtigen Feind. Es sei eins, dass der deutsche Taler und Groschen im ganzen Reiche gleichen Wert habe; eins, daß mein Reisekoffer durch alle sechs und dreißig Staaten ungeöffnet passieren könne. Es sei eins, daß der städtische Reisepaß eines Weimarschen Bürgers von dem Grenzbeamten eines großen Nachbarstaates nicht für unzulänglich gehalten werde, als der Paß eines Ausländers. Es sei von Inland und Ausland unter deutschen Staaten überall keine Rede mehr. Deutschland sei ferner eins in Maß und Gewicht, in Handel und Wandel und hundert ähnlichen Dingen, die ich nicht alle nennen kann und mag.«[14]

Sieben Jahre nach Goethes beiläufigem Ausspruch fuhr erstmalig die »Adler« genannte Lokomotive auf der neu gebauten Strecke zwischen Nürnberg und Fürth. Das in den Folgejahren ständig erweiterte Eisenbahnwesen und Streckennetz wirkte sich, wie Goethe dies vom englischen Beispiel ausgehend vorausgesagt hatte, spürbar auf die Vereinheitlichung der Zeit und die räumliche Erreichbarkeit des Landes aus, wodurch auch die Bandbreite in der Gestaltung der Marktpreise in verschiedenen Regionen abnahm.

Die Investitionen in den Eisenbahnbau hatten eine verbesserte Marktintegration zur Folge, insofern neue Absatzmärkte erschlossen und der Waren- und Güteraustausch beschleunigt werden konnten. Die Anbindung des Binnen- und Hinterlands an die Entwicklung der Industriezentren war ein wichtiger Effekt der neuen Schienenstränge. Die Inbetriebnahme der Strecken Berlin-Potsdam im Jahr 1838, Braunschweig-Wolfenbüttel und München-Augsburg im Jahr 1840 oder Mannheim-Heidelberg und Köln-Aachen-Antwerpen im Jahr 1843 sind die ersten Meilensteine in einem ab Mitte des 19. Jahrhunderts stets dichter aufeinander abgestimmten Transportwegenetz. Maßgeblich gestaltete der bereits erwähnte Friedrich List die Planung des deutschen Eisenbahnwesens mit. Er erkannte, dass durch das ausgebaute Binnenverkehrswegenetz die Transportkosten sinken sowie Sozialintegration und Wissensaustausch gefördert werden würden.

Die Erfindung der Dampfmaschine und der Eisenbahn steigerten das Austauschvolumen des Marktes und hielten Schritt mit weiteren bahnbrechenden Erfindungen des Industriezeitalters. Bei steigendem Innovationstempo kamen in den 30er Jahren des 19. Jahrhunderts etwa Moritz Hermann von Jacobis (1801 bis 1874) Elektromotor, Samuel F.B. Morses (1791 bis 1872) Schreibtelegraf, Louis Daguerres (1787 bis 1851) Photographie oder Samuel Colts (1814 bis 1862) Revolver gleichsam wie aus der Pistole geschossen und führten zu Folgeinnovationen und gesellschaftlichem Wandel. Durch den Einsatz neuer Fertigungsmethoden konnten auch die Produktionszyklen beschleunigt und die Komplexität der

Gerätschaften erhöht werden. Zur Finanzierung neuer kapitalintensiver Großprojekte wurden von den Firmengründern Aktien ausgegeben, was eine systematische Aufbereitung des Börsen- und Aktienrechts nötig machte. Im Bankenwesen hatte das die Folge, dass die Zahl der Aktien- und Genossenschaftsbanken anstieg.

Mit der fortschrittlichen Entwicklung der Unternehmen hielten die Arbeitsbedingungen der Industriearbeiter und der von der industriellen Entwicklung zunächst noch abgekoppelten Landbevölkerung jedoch nicht stand. Insbesondere der Kapitalismus englischer Prägung machte zahlreiche Menschen mit überlangen Arbeitstagen, Hungerlöhnen und sozialer Verelendung zu Verlierern des Fortschritts. Es erhob sich Kritik am Modell eines reinen »Manchester-Kapitalismus«. So kam es 1844, nachdem der mechanische Webstuhl auch in der Textilfertigung in Deutschland eingesetzt wurde, zum Weberaufstand in Schlesien, den Gerhart Hauptmann (1862 bis 1946) später als Stoff für sein sozialkritisches Stück »Die Weber« dramatisierte. Verschärft wurde die Situation der Arbeiter durch die Hungerkrise in den Jahren 1845 und 1846 mit Missernten und Kartoffelfäule. Auf diesem Nährboden entwickelte sich revolutionäres Gedankengut: Das »Kommunistische Manifest« und die Konstitution der Arbeiterbewegung sind für diese Zeit zu verzeichnen, wie auch die Gewerkschaftsbewegung und die Sozialdemokratie entstanden. Ausdrücklich nimmt die Marxsche Mehrwerttheorie und die von Karl Marx (1818 bis 1883) und Friedrich Engels (1820 bis 1895) in kapitalismuskritischer Absicht propagierte Vision einer klassenlosen Gesellschaft Bezug auf die Verhältnisse der Industrialisierung.

Die wohlstandsfördernde Wirkung individuellen Eigennutzes, von der Adam Smith voller Überzeugung sprach, war für die Zeitgenossen angesichts dieser Verhältnisse kaum zu erkennen. Die Innovationen des Industriezeitalters mussten erst, wie dies schon Hermes mit der Anpreisung der Leier gegenüber Apollon praktiziert hatte, beworben und einem breiteren Konsumentenkreis präsentiert werden. Beste Reklame für die Segnungen des Industriezeitalters war beispielsweise die erste Weltausstellung in London, der zahlreiche legendäre Expositionen in den Metropolen Europas nachfolgen sollten. Mit diesen Messen und Leistungsschauen wurden neue Käuferschichten angesprochen und die positiven Seiten der Industrialisierung in riesigen Glaspalästen transparent gemacht. Waren die Märkte zunächst durch territoriale Expansion, dann durch Produktinnovationen ausgeweitet worden, so war es nun an der Zeit, den Absatzmarkt ergänzend dazu durch Werbung zu vergrößern. Seit 1854 dienten hierfür die nach ihrem Erfinder Ernst Litfaß (1816 bis 1874) benannten Säulen, die in Städten auf neue Produkte hinwiesen und den Konjunkturmotor ankurbeln sollten.

Ins Stottern geriet dieser allerdings in der Gründerkrise des Jahres 1857, die Massenarbeitslosigkeit mit sich brachte. Die Auswanderungswelle nach Amerika jener Tage war nicht nur gespeist von den angesichts der politischen Restauration desillusionierten Revolutionsanhängern von 1848 und 1849, sondern hatte auch mit der drastischen Verschlechterung der allgemeinen Lebensverhältnisse und der krisenbedingten Arbeitslosigkeit zu tun. Die Gründerkrise gilt als erste weltweite Wirtschaftskrise, die nicht durch klimatische Ereignisse, Missernten oder partielle Markteinbrüche infolge von Spekulationen verursacht worden ist. Die Pleite der Versicherungsgesellschaft »Ohio Life« verursachte einen Dominoeffekt, der am 10. Oktober 1857 zu einem Bankenansturm in New York führte. Für einige Zeit war der Geschäftsverkehr zwischen Amerika und Europa lahmgelegt. Besonders betroffen war Hamburg, das als Tor zur Welt am stärksten in den Amerikahandel eingebunden war. Marx und Engels veranlassten die Ereignisse der Gründerkrise gar zu der Annahme, das Ende des Kapitalismus sei angebrochen.

Diese Vermutung war jedoch weit gefehlt. Die nachholende Industrialisierung in Deutschland ließ sich dadurch nicht aufhalten. Vielmehr wurde im Jahr 1869 mit der Einführung der Gewerbefreiheit ein weiterer Schritt zur Öffnung des Marktes vollzogen. Die inzwischen landesweit sichtbare Ausbreitung des Eisenbahnstreckennetzes war gut für einen florierenden Handel und verhalf überdies dazu, durch die öffentliche Präsenz der Industrialisierung die Fortschrittsidee zu popularisieren.

Nach dem Sieg im Krieg gegen Frankreich belebten die Reparationszahlungen die Wirtschaft des neu konstituierten Kaiserreichs. In diese Phase fällt die Gründung zahlreicher Aktiengesellschaften. Pioniere der so genannten »Gründerzeit« waren namhafte Fabrikanten, die ihrem Ansehen – wie einst die Kaufleute des Mittelalters – mit stattlichen Gebäuden, den großzügig bemessenen Gründerzeitvillen und backsteinernen Fabrikhallen, auch nach außen hin Ausdruck verliehen. Besonders klingende Namen sind etwa Thyssen, Krupp oder Zeiss. Diese Unternehmer konnten bei der Entwicklung ihrer Produkte auf viele innerhalb einer recht kurzen Zeitspanne gemachte Basisinnovationen zurückgreifen, wie Puddelofen, Kokshochofen, Dampfmaschine, Lokomotive, Telegraphie, Photographie, Glühlampe, Telefon, Benzinmotor, Kunstdünger, Insulin, Penicillin, Dynamit, Radarnavigation und so weiter. Sehr innovativ waren Firmen auf den Gebieten der Elektrotechnik und der Chemie. Aber auch die Entwicklung von Verbrennungsmotoren als Grundlage der Automobilproduktion durch Carl Benz (1844 bis 1929), Gottlieb Daimler (1834 bis 1900), Nikolaus Otto (1832 bis 1891) und Rudolf Diesel (1858 bis 1913), die den anhaltenden Ruhm der deutschen Automobilindustrie mit ihren »Kutschen ohne Pferd« begründeten, oder die Namen und Marken AEG, Wertheim (Kaufhof), Hertie, Persil, Maggi, Salamander und Siemens belegen die wirtschaftliche Schubkraft der Gründerzeit. Mit der Deutschen Bank, der Commerz- und Diskont-Bank und der Dresdner Bank entstanden neue, finanzkräftige Kreditinstitute. Das 1876 von Alexander Graham Bell (1847 bis 1922) erfundene Telefon stellte eine weitere, äußerst marktrelevante Basisinnovation dar, weil es die Integration der Märkte erhöhte. Die Telefonie war eine immense Kommunikationserleichterung und gewährleistete eine größere Zeitgleichheit von Angebot und Nachfrage am Markt und behob außerdem die Problematik eines räumlich bedingten ungleichen Informationsstands.

Auf infrastruktureller Ebene begann Ende des 19. Jahrhunderts der flächendeckende Aufbau der Strom- und Wasserversorgung und der Kanalisation. Hinzu kamen rechtliche Vereinheitlichungen und technische Standardisierungen. Die Bahnverbindungen einzelner Länder wurden mit der Nationalstaatsgründung aufeinander abgestimmt. Insgesamt kann von einer wirtschaftlichen Aufbruchstimmung gesprochen werden. An der Tradition der Schutzzölle, insbesondere für Agrarprodukte, hielt man im Kaiserreich wirtschaftspolitisch aber fest und kehrte überdies zu einem bereits bekannten Muster der Marktausweitung zurück: zur kolonialen Expansion. Doch begann das deutsche Engagement auf kolonialem Gebiet, bedingt durch die verspätete Nationalstaatsgründung, mit reichlich Rückstand im Vergleich zu den europäischen Nachbarländern. Auch erhielt der Aufschwung, den die Reichsgründung hervorrief, eine kleine Delle durch eine Immobilienspekulationskrise im Jahr 1873, deren negatives Geschäftsklima sich bis in die 1890er Jahre auswirkte. Wobei neuere wirtschaftshistorische Untersuchungen ausweisen, dass die pessimistische Grundstimmung eher einer subjektiven Wahrnehmung entsprach, als dass diese durch die Fakten bestätigt würden. Bei der Immobilienkrise handelte es sich nicht um eine Stagnation, allenfalls kann für diese Phase von einem verminderten Wachstum durch Deflation gesprochen werden.

Bereits Mitte des Jahrhunderts war die soziale Frage virulent geworden. Nachdem die seinerzeit entwickelte Ideen des Sozialismus und Kommunismus immer stärkeren Zulauf seitens der Arbeiterschaft fanden und die Sozialdemokratie als politischer Faktor nicht mehr aus der Tagespolitik wegzudiskutieren war, versuchte Reichskanzler Otto von Bismarck (1815 bis 1898), auch weil die »Sozialistengesetze« nicht die erwünschte Wirkung hatten, die Konfliktstellung zwischen Arbeitgebern und Arbeitnehmern mittels Sozialgesetzgebung zu entschärfen. Damit erreichte er kurzfristig die Befriedung der

Arbeiterbewegung, was den Zusammenhalt der Gesellschaft stärkte. Langfristig milderten die Maßnahmen die Folgen der »Industriellen Revolution« und gaben dem zunächst kritisierten marktwirtschaftlichen Wirtschaftssystem einen Vertrauensvorschub mit auf den Weg. Als konkrete Reaktionen auf die »Soziale Frage« entstanden im Kaiserreich der 1880er Jahre die Krankenversicherung und die Unfallversicherung, sowie, in einem weiteren solidarprotektionistischen Akt, die finanzielle Absicherung im Alter und des Invaliditätsrisikos, sodass an der Schwelle zum 20. Jahrhundert fast Dreiviertel der Arbeiter von der Sozialgesetzgebung profitieren konnten. Bildung und Qualifikation der Beschäftigten nahm in den Plänen der Reichsregierung ebenso eine Rolle ein, was sich daran zeigt, dass Ende des Jahrhunderts zahlreiche Handels- und Gewerbeschulen entstanden, die zur Professionalisierung der Marktakteure beitrugen.

Die relativ langen Aufschwungzyklen waren – neben der technischen Findigkeit deutscher Ingenieure wie Carl Benz und Rudolf Diesel, die Automobilität zu einer der Grundlagen der deutschen Wirtschaft machten – eng verbunden mit Goldfunden in Amerika, Australien und Südafrika. Ergänzt wurde der Aufschwung durch medizinische Fortschritte im Bereich der Bakteriologie und Immunologie, die das Gesundheits- und Wohlstandsniveau gleichfalls anhoben. So nahm im Bereich der Telekommunikation, um einen Indikator der technologischen Modernisierung herauszugreifen, das »Deutsche Reich« um die Jahrhundertwende den zweiten Platz hinter den Vereinigten Staaten von Amerika ein, wenn man auf das Volumen der jährlichen Postsendungen und die insgesamt vorgehaltene Leitungsstrecke des Telegraphen- und Telefonnetzes blickt. War Mobilität bislang stets an Land oder Wasser gebunden, gelang den Gebrüdern Orville (1871 bis 1948) und Wilbur Wright (1867 bis 1912) im Jahr 1903 der erste Motorflug mit einem Flugzeug, das schwerer als die tragende Luft war. Diese Entdeckung sollte sich nach weiteren Innovationen der »Flugmaschinen« als ebenfalls marktrelevanter Faktor herausstellen. Durch neue Produktionstechniken wie das Fließband, das Henry Ford (1863 bis 1947) 1913 erstmals für die Autoherstellung einsetzte, und die massenhafte Herstellung von Gebrauchsgegenständen, wuchsen die Ansprüche der Konsumenten. Haushaltsgeräte wie Kühlschrank oder Waschmaschine waren deshalb keine undenkbaren Erfindungen mehr.

Insgesamt betrachtet vereint das Marktgeschehen des »Kaiserreichs« Innovations- und Konzentrationstendenzen. Zahlreiche Erfindungen wurden gemacht, und innerhalb kürzester Zeit bildeten sich zur massenhaften Herstellung und Vermarktung der neuen Produkte Firmenkonglomerate, die durch die Beschäftigung von Arbeitnehmern eine Phase positiven Wirtschafts- und Konsumklimas begründeten. Eine sich nun zusehends verstärkende Tendenz war die Politisierung des Marktes, die bereits kurz vor der Mitte des 19. Jahrhunderts eingesetzt hatte. Beobachten lässt sich das an den Gründungen von Parteien, Genossenschaften sowie von Verbands- und Interessengemeinschaften.

War diese, wenngleich europäische Bewegung eher im innenpolitischen Rahmen wirksam, so brachte die koloniale Expansionspolitik auf dem Feld der Außenpolitik bald weitere Eingriffe in den Markt hervor. Auf dem Weg zum Ersten Weltkrieg nahmen die Firmen die Gewinnsteigerung durch die kostenintensive Flottenpolitik und die kriegsvorbereitende Rüstungsproduktion wohlwollend in Kauf. Mit ihrem Handeln riskierten sie jedoch die Grundlagen der in der Gründerzeit erstarkten Wirtschaft. Ökonomisch und finanziell machte das Kaiserreich zum Kampf mobil, indem es umfangreiche Anleihen auflegte, um die hohen Kriegskosten zu begleichen. Auch die Einlösungspflicht des Geldes in Metallgeld wurde aufgehoben und es wurden Aktionen wie »Gold gab ich für Eisen« zur Kriegsfinanzierung aufgelegt. Etwa die Hälfte des Sozialproduktes nahm die Kriegsführung in Anspruch. Im Verlauf des Krieges blieben Zwangseingriffe in die Wirtschaft, Rohstoffzuteilungen und Rationierungen von Lebensmitteln nicht aus. Auf die Warteschlangen vor den offiziellen Ausgabestellen und Suppenküchen in den

Städten reagierten findige Landwirte mit dem Schwarzhandel von Lebensmitteln. Aufgrund der Versorgungslücken kamen Ersatzprodukte für Wurst, Wein, Bier oder Kaffe zum Einsatz. Nur bedingt konnten die Handelsblockaden gegenüber Deutschland durch den Transport von Gütern durch neutrale Länder abgefedert werden. Zu der Transport- und Kohlekrise trat der so genannte Steckrübenwinter am Jahreswechsel von 1916 auf 1917 hinzu. Die Kriegswirtschaft hatte ein enormes Handelsbilanzdefizit zur Folge. Auch mussten die rund 10 Millionen Soldaten durch arbeitende Frauen ersetzt werden, was zu einem Rückgang der Industrieproduktion führte. Im letzten Kriegsjahr gehörten Streiks und Inflation zum Alltag, die Schulden des »Reiches« übertrafen bald die Höhe des Volkseinkommens.

Der Erste Weltkrieg und die Niederlage des Deutschen Reiches mit der Abdankung des Kaisers bildeten eine Zäsur mit massiven wirtschaftlichen, politischen und gesellschaftlichen Veränderungen. Im Vertrag von Versailles waren die zu leistenden Reparationszahlungen an die Alliierten, vor allem an das am meisten von den Kampfhandlungen betroffene Nachbarland Frankreich, geregelt. Aufgrund der genannten Ausgangsbedingungen konnte weder vom Handelsniveau noch von der industriellen Produktionskapazität an das Marktvolumen der Vorkriegszeit angeknüpft werden. Das ehedem nuancenreich austarierte europäische Gleichgewicht war durch den Krieg und seine politischen und ökonomischen Folgen, etwa die Reparationsleistungen, in Schieflage geraten und wurde durch die Ruhrbesetzung um ein Weiteres strapaziert. Mit einem korporativen Wirtschaftsmodell sollte der schwierigen Ausgangslage begegnet werden. Nachdem sich nach Kriegsende die revolutionären Erhebungen der Arbeiterschaft in den Städten gelegt hatten und die Republik verkündet worden war, ging man an erste Finanzreformversuche. Der Wertverfall der Mark konnte jedoch nicht aufgehalten werden. Die Menge des im Umlauf befindlichen Geldes nahm in den folgenden Jahren rapide zu, bis sie im Spätherbst des Jahres 1923 zur allfällig bekannten Hyperinflation führte, mit unvorstellbaren Tageskursen von einer Goldmark zu einer Billion Papiermark.

Vor diesem Hintergrund wurden 1927 auf der Weltwirtschaftskonferenz in Genf einige Liberalisierungen im Handelsbereich umgesetzt. Eine innenpolitische Reaktion war die Einführung der Arbeitslosenversicherung und die Gründung der »Reichsanstalt für Arbeitslosenvermittlung und Arbeitslosenversicherung« im selben Jahr. An den Universitäten Köln und Frankfurt entstanden erste wirtschaftswissenschaftliche Fakultäten, die das ökonomische Handeln erklären und durch Grundlagenforschung systematisch fundieren sollten. Nach einer Phase relativer Stabilisierung folgte die Weltwirtschaftskrise des Jahres 1929, weswegen die gesamten Zwischenkriegsjahre aus ökonomischer Sicht als Krisenzeit angesehen werden können.

Um zu alter Schlagkraft zurückzukehren, fusionierten zahlreiche Unternehmen. Der bekannteste Zusammenschluss in diesem Kontext ist die noch während des Ersten Weltkrieges initiierte »Interessengemeinschaft Farben«, in der große chemische Firmen wie Bayer, Agfa und die Badische Anilin- und Sodafabrik in einem kartellartigen Bund zusammenkamen, um später um weitere Firmen, unter anderem Hoechst und Casella, erweitert zu werden. Auch im Bereich der Stahlproduktion oder bei Versorgungs- und Elektrizitätsunternehmen waren solche Konzentrationstendenzen zu verzeichnen.

In ihren Grundfesten erschüttert wurden die langwierigen Bemühungen zum Wiederaufbau der Wirtschaft durch den so genannten »Schwarzen Donnerstag bzw. Freitag« des Jahres 1929. Am 24. Oktober in den USA und einen Tag später in Europa hatte der Goldkurs aufgrund von Marktmanipulationen stark nachgegeben, was gleichfalls negative Auswirkungen auf den Aktienhandel hatte. Börsennotierte Papiere verloren binnen kürzester Frist einen Großteil ihres Wertes. Einige Banken wurden davon besonders in Mitleidenschaft gezogen und lösten mit einer Kreditklemme Finanzierungsengpässe bei ihren Geschäftskunden aus. Handelshäuser wie Kaufhof oder Versicherer wie der Nordsternkonzern waren plötzlich nicht mehr liquide. Nachdem die »Österreichische Creditanstalt« im Jahr 1931 ihre Zahlungsunfähigkeit erklären musste, kam es zu panikartigen Reaktionen der Sparer. Im Rahmen der Vertrauenskrise in das Wirtschafts- und Finanzsystem wollten die Anleger ihre Aktien möglichst schnell losschlagen und in Bargeld ummünzen. Spätestens damit war das Ende der »Roaring Twenties« erreicht. Ohnehin handelt es sich dabei um ein Phänomen, das im historischen Rückblick eher auf dem metropolitanen Gebiet von Kultur und Gesellschaft und weniger in ökonomischer Hinsicht zu verzeichnen ist. Aus zeitgenössischer Perspektive führt Hans Ostwalds im Jahr 1931 erschienene »Sittengeschichte der Inflation«, die er selbst ein »Kulturdokument aus den Jahren des Marktsturzes« nennt,

> »das tolle Bild eines höllischen Karnevals vor Augen: Plünderungen und Krawalle, Demonstrationen und Zusammenstöße, Schiebungen und Schleichhandel, quälender Hunger und wüste Schlemmerei, rasche Verarmung und jähes Reichwerden, ausschweifende Tanzwut, schreckliches Kinderelend, Nackttänze, Valutazauber, Hamstern von Sachwerten, Vergnügungstaumel – Genußsucht, materielle Lebensanschauung neben religiöser Versenkung, aufblühender Okkultismus und Hellseherei, – Spielwut, Spekulationssucht, Scheidungsepidemie, Verselbständigung der Frau, Frühreife der Jugend, Quäkerspeisungen, Studentenhilfe, Razzien und Schieberprozesse, Jazzband, Rauschgifte. Wahrlich, ein grellbunter Jahrmarkt des Lebens!«[15]

Die Rezession der Zwanziger- und Dreißigerjahre jedenfalls brachte die Exportwirtschaft nahezu zum Erliegen. Auf dem Höhepunkt der Weltwirtschaftskrise war etwa die Hälfte der beschäftigungsfähigen Personen ohne Arbeit. Bis zu einem Viertel gingen Produktion und Bruttoinlandsprodukt zurück. Die Krisensituation brachte politische Verwerfungen mit sich, unter anderem den Aufstieg der Nationalsozialisten. Die deutsche Politik setzte auf ein Notverordnungsregime, das durch staatliche Interventionen und Transferleistungen Umfang und Folgen der Arbeitslosigkeit reduzieren sollte. Jedoch konnten die Bewältigungs- und Beschwichtigungsstrategien die Machtergreifung der Nationalsozialisten nicht abwenden. Im Gegenteil: die Nationalsozialisten bedienten die vordringlichsten Erwartungen der Bevölkerung. Bereits 1936 konnte Hitlerdeutschland Vollbeschäftigung vermelden. Dieses propagandistisch ausgeschlachtete Resultat diktatorischer Politik war jedoch durch einfache Lösungen um einen hohen Preis erkauft worden. Die Organisation des Marktes erfolgte nun gänzlich nach politischen Vorgaben. Führerprinzip und ein berufsständisches Wirtschaftsmodell bildeten das Grundgerüst der Plan- und Lenkungswirtschaft. Staatlich finanzierte Infrastrukturmaßnahmen und die Unterstützung der Rüstungsindustrie zur Kriegsvorbereitung waren Säulen des Beschäftigungswachstums. Mit Schaufel und Spaten brachten die Arbeiter der »Deutschen Arbeitsfront« (DAF) Beschäftigung bis in die strukturschwächsten Regionen des »Dritten Reichs«.

Ergänzt wurde der Aufbau von Armee und Kriegsrüstung durch das wirtschaftliche Autarkiestreben der nationalsozialistischen Machthaber. Doch die Ökonomie hatte mit ähnlichen Problemen zu kämpfen, wie sie bereits im Ersten Weltkrieg zum Vorschein kamen. Je stärker die Wirtschaft kriegsbedingt vom Weltmarkt isoliert war, umso weniger hatte die heimische Industrie zuzusetzen, da die Arbeiter an der Front kämpften. Auch die Mobilisierung aller Kräfte bis hin zur Zwangsarbeit vermochte die im Kriegsverlauf zusätzlich durch Bombardierungen zerstörten Produktionskapazitäten nicht auf das benötigte Maß zu bringen. Die totale Unterordnung des Marktes unter den politisch-ideologischen verbrämten, kriegerischen Willen der Nationalsozialisten endete in der kompletten Zerstörung der Grundlagen der wirtschaftlichen und gesellschaftlichen Ordnung. Nach den katastrophalen Erfahrungen mit der Indienstnahme der Märkte für militärisch-ideologische Zwecke besann man sich nach Kriegsende im westlichen Teil Europas auf die friedensstiftende Wirkung offener Märkte.

Aber auch offene Gesellschaften wie die Vereinigten Staaten von Amerika erlagen in der Krisenzeit der Dreißigerjahre den Verlockungen der politischen Marktlenkung. Mit dem antizyklischen Wirtschaftsprogramm des »New Deal« wurde die Wirtschafts- und Währungspolitik der innenpolitischen Diskussion untergeordnet. Nach der Wahl Franklin D. Roosevelts (1882 bis 1945) zum amerikanischen Präsidenten wurden umfangreiche Stützmaßnahmen und Infrastrukturprojekte umgesetzt. In der Krisenzeit des Jahres 1939 griff die Automobilfirma Ford auf die verkaufsfördernde Wirkung von Hermes/Merkur zurück, als in Detroit erstmals die Modellreihe »Mercury« vom Band lief. Auch auf der anderen Seite des Atlantiks wurden also neue ökonomische Modelle zur Lösung der Krise erprobt. Der Ökonom John Maynard Keynes (1883 bis 1946), der vor allem die britische Regierung in Wirtschaftsfragen unterstützte, gab den Rat, in der Rezession Kredite aufzunehmen, um dadurch den marktbedingten Nachfrageausfall abzufedern. Indem der Staat als Nachfrager auftrete, sollten Arbeitsplätze geschaffen werden. Eine Rückzahlung werde in Zeiten hoher Beschäftigung über die Steuereinnahmen erfolgen. Der auch als »deficit spending« bezeichnete Ansatz ist die Inversion der klassischen ökonomischen Theorie Smithscher Prägung, da Keynes den Glauben an die Selbstheilungskräfte der freien Marktordnung nicht teilt. Seine wirtschaftspolitischen Ansichten hatte Keynes in der 1936 erschienenen Schrift »Allgemeine Theorie der Beschäftigung, des Zinses und des Geldes« ausgearbeitet. Dort sieht er miseretheoretisch geprägt das Gleichgewicht des Marktes als einen nur selten eintreffenden Glücksfall an. Durch lenkende Maßnahmen könne aber dem Liquiditätsproblem bei zurückgehender Konjunktur begegnet werden. Wenn der Spartrieb in Krisenzeiten die Investitionsfreude überwiege, müsse eben zeitweilig der Staat als Investor auftreten. Problematisch an diesem Ansatz ist vor allem, dass, wenn die getätigten Ausgaben nicht während eines nachfolgenden Aufschwungs refinanziert werden, die Stabilisierung des Marktes mit Schulden erkauft wird.

An Aufschwung war am 8. Mai 1945, dem Tag der bedingungslosen Kapitulation des »Deutschen Reiches«, aber ohnehin nicht zu denken. Zwar hatten die Alliierten sich bereits

1944 in Bretton Woods auf den institutionellen Rahmen für die neue Weltwirtschaftsordnung verständigt, den »Internationalen Währungsfonds« und die »Weltbank« ins Leben gerufen und ein System fester Wechselkursbindungen zu dem an Gold gebundenen Dollar installiert, doch angesichts des Ausmaßes der Zerstörungen und der Aufteilung Deutschlands gemäß den Konferenzen in Teheran, Jalta und Potsdam sah die Ausgangslage für eine baldige Rückkehr Deutschlands auf den Weltmarkt eher düster aus. Der »Morgenthau Plan« sah sogar die Rückstufung in den Status eines Agrarlandes vor. Trotz enormer Deindustrialisierungen, der Übergabe der militärischen Fazilitäten und der Auslandsvermögen, entschieden sich die westlichen Alliierten, insbesondere die Amerikaner, der sich abzeichnenden Blockkonfrontation Rechnung tragend, zu einem wirtschaftlichen Aufbauprogramm. Seine Gestalt fand dieses im vorwiegend als »Marshallplan« bekannten »European Recovery Programme« (ERP).

Die unter Bedingungen der Kriegswirtschaft oder bereits im Ersten Weltkrieg entstandenen Firmenkonglomerate wurden, wie etwa die IG Farben, entflochten und dekartellisiert und auf ein wettbewerbsgerechteres Maß zurückgeführt. Zu der prekären Flüchtlings- und Wohnungssituation gesellte sich eine Währungskrise. Wieder griff die Bevölkerung zu den Mitteln des Warentauschs und des Schwarzmarktes. Frostige Winter verschärften die Situation. Ein Drittel der Häuser lag in Schutt und Asche, und es gab massive Schwierigkeiten, an einfachstes Gerät zur Trümmerbeseitigung zu gelangen. Um der Bevölkerung wenigstens einigermaßen die Deckung des täglichen Bedarfs zu ermöglichen, wurden Rationierungen vorgenommen und Schulspeisungen eingerichtet. Der Wiederaufbau war von Desillusionierung und Pragmatismus geprägt. Erneut entdeckte man den Markt als politisches Argument, indem die westlichen Alliierten das Angebot einer Integration durch Marktwirtschaft verfolgten, während der im sowjetischen Einflussbereich liegende Osten sich in seiner Sattelitenrolle auf die zentrale Planwirtschaft zur Verbesserung der verheerenden Ausgangssituation berief.

Aus dieser neuen Frontstellung der Systeme entwickelte sich der »Kalte Krieg«, verstärkt noch durch die Koreakrise und die atomare Bedrohungslage. Vor diesem Hintergrund schlossen sich die Westzonen zu einem vereinigten Markt- und Wirtschaftsgebiet zusammen. Obgleich die unterstützenden Maßnahmen des »Marshallplans« eher symbolischer als realwirtschaftlicher Natur waren, wirkten sie entscheidend auf die Rückkehr in Richtung der Autonomie des Marktes. Die Länder, die an der Wirtschaftsförderung des »European Recovery Programme« teilnahmen, verpflichteten sich auf Liberalisierungen im Zahlungs- und Warenverkehr.

An diese Richtung weisende Entscheidung für die Markt- und gegen die Planwirtschaft anknüpfen konnten die Gründerväter der »Sozialen Marktwirtschaft«. Mit Alfred Müller-Armack (1901 bis 1978), Ludwig Erhard (1897 bis 1977), Walter Eucken (1891 bis 1950), Friedrich August von Hayek (1899 bis 1992), Franz Böhm (1895 bis 1977), Alexander Rüstow (1885 bis 1963) oder Wilhelm Röpke (1899 bis 1966) hatte sich ein Kreis von Ökonomen aus Wissenschaft und Praxis zusammengefunden, der aus der Krise des Liberalismus klassischer Prägung nicht dessen Scheitern konstatierte, sondern für einen neuen Liberalismus eintrat. Die lose Gruppe übte Kritik an der Unterordnung der ökonomischen Interessen unter innenpolitische Ziele und sah in der Wiederherstellung der Handlungsfähigkeit eines verlässlichen Staates ein wichtiges Element zum Aufschwung. Der Staat sollte den Ordnungsrahmen vorgeben, ansonsten aber den Markt unbehelligt lassen. In den Vorstellungen der um die Zeitschrift »Ordo« versammelten Gruppe spielte die soziale Komponente und die Verantwortlichkeit der Marktwirtschaft für den gesellschaftlichen Frieden und die soziale Kohäsion eine wichtige Rolle. In der Rückbesinnung auf eine freiheitliche Wertegrundlage christlich-abendländischer Prägung setzten die Vertreter der »Sozialen Marktwirtschaft« wie schon Adam Smith auf Eigeninitiative und das Leistungsprinzip. Die auch als »Freiburger Schule« bezeichneten Ökonomen sahen allerdings anders als noch die Liberalen des 19. Jahrhunderts den Schutz des Wettbewerbs als nicht naturgegeben an, sondern wollten das Wettbewerbsprinzip anhand staatlich festgelegter Ordnungsvorgaben gewährleistet wissen, was sich beispielsweise an ihrem Umgang mit der Problematik von Kartellbildungen erkennen lässt. Der wegen seines Bezugs zum klassischen Liberalismus so genannte »Neoliberalismus« setzt also darauf, die Freiheit im Staat und die Freiheit vor dem Staat auszutarieren und ihm klare Grenzen bei der Regelung der Wirtschaft aufzuerlegen. Mit dem Wahlsieg Konrad Adenauers (1876 bis 1967) und der CDU bei den ersten Bundestagswahlen 1949 war die »Soziale Marktwirtschaft« aus politischer, ökonomischer wie soziologischer Sicht implementiert worden.

Konnte bereits während des Zweiten Weltkrieges unter Federführung der Vereinigten Staaten auf der Tagung von Bretton Woods eine Weichenstellung für das internationale Finanzwesen hergestellt werden, ging es nun auch um die Neuordnung des Weltmarktes unter liberalen Gesichtspunkten. Am ersten Januar 1948 trat mit dem »Allgemeinen Zoll- und Handelsabkommen« ein regulatorischer Rahmen in Kraft, der sich die Ausweitung des freien Welthandels und den Abbau von Handelsschranken und Zollbarrieren zum Ziel gesetzt hatte. Leitmotiv dieser Entwicklung war die Überzeugung von der wohlstandsmehrenden und friedensstiftenden Wirkung des Marktes. Die Teilnehmerländer des »General Agreement on Tarifs and Trade« (GATT) verpflichteten sich auf eine Meistbegünstigungsregelung: Die zwischen einzelnen oder mehreren Ländern des Handelsabkommens gewährten Vergünstigungen mussten auf alle Teilnehmerländer ausgeweitet werden. Im Rahmen der GATT-Runden wurde die Verabschiedung einer »Welthandelsordnung« vorbereitet, was 1986 nach der achten Runde intensiviert wurde und schließlich im Jahr 1995 zur Implementierung der »World Trade Organization« (WTO) führte. Das Ende der 1940er Jahre bereits konstituierende Prinzip der Meistbegünstigung wurde um das der Nichtdiskriminierung ergänzt. Mittlerweile sind annähernd 150 Mitgliedsstaaten in der WTO organisiert, die circa 90 Prozent des Welthandelsvolumens umfasst.

Nach diesem kurzen Blick darauf, welche Ausweitung der Welthandel seit dem Ende des Zweiten Weltkrieges durchlaufen hat, scheint es zur chronologischen Fortschreibung unserer historischen Genealogie des Marktes angebracht, wieder in das Westdeutschland des Jahres 1948 zurückzukehren. In wirtschafts- und währungspolitischer Perspektive war in diesem Jahr die Gründung der »Bank deutscher Länder« von entscheidender Bedeutung, da sie für die lange erwartete Währungsreform verantwortlich zeichnete. Durch die von der Bank vorbereitete Umstellung des Währungssystems konnte der Schwarzmarkt größtenteils in den Realmarkt überführt werden. Bis dahin hatten Tauschhandel und Zigarettenwährung geherrscht. Die amtlich festgelegten Stopp-Preise wurden oftmals um mehr als das Einhundertfache überschritten. So war z.B. für ein Kilogramm Zucker der Preis mit 1,07 Reichsmark offiziell festgelegt, auf dem Schwarzmarkt mussten aber 120 bis 180 Reichsmark gezahlt werden.

Rückblickend aus der Prosperitätsphase des Wirtschaftswunders berichtete der in Köln aufgewachsene Schriftsteller Heinrich Böll (1917 bis 1985) über seine Tausch- und Schwarzmarkterfahrungen als Jugendlicher:

> »Ich selbst übte damals eine undankbare Funktion in unserer unbescholtenen Familie aus: ich war vierzehn Jahre alt und das einzige Bindeglied zu jener denkwürdigen Institution, die wir Schwarzmarkt nannten. Mein Vater war gefallen, meine Mutter bezog eine winzige Pension, und so bestand meine Aufgabe darin, fast täglich kleinere Teile unseres geretteten Besitzes zu verscheuern oder sie gegen Brot, Kohle und Tabak zu tauschen. Die Kohle war damals Anlaß zu erheblichen Verletzungen des Eigentumsbegriffes, die man heute mit dem harten Wort Diebstahl bezeichnen muß. So ging ich fast täglich zum Diebstahl oder Verscheuern aus, und meine Mutter, obwohl ihr die Notwendigkeit solch anrüchigen Tuns einleuchtete, sah mich morgens nur mit Tränen in den Augen meinen komplizierten Pflichten entgegengehen. So hatte ich die Aufgabe, ein Kopfkissen zu Brot, eine Sammeltasse zu Grieß und drei Bände Gustav Freytag

> zu fünfzig Gramm Kaffe zu machen, Aufgaben, denen ich zwar mit sportlichem Eifer, aber nicht ganz ohne Erbitterung und Angst oblag. Denn die Wertbegriffe – so nannten es die Erwachsenen damals – waren erheblich verschoben, und ich kam hin und wieder unberechtigterweise in den Verdacht der Unehrlichkeit, weil der Wert eines zu verscheuernden Objekts keineswegs dem entsprach, den meine Mutter für angemessen hielt. Es war schon eine bittere Aufgabe, als Vermittler zwischen zwei Wertewelten zu stehen, die sich inzwischen angeglichen zu haben scheinen.«[16]

Die Währungsreform setzte einen lange aufgestauten Nachfrageboom frei, das so genannte Wirtschaftswunder der langen 1950er Jahre, das sich bis weit in die 1960er Jahre hinein als Phase stetig steigender Prosperität erwies. Infolge der im Aufschwung geglückten Kombination aus Demokratie und »Sozialer Marktwirtschaft« erhielt das anfänglich umstrittene politische und ökonomische System Westdeutschlands schnell hohe Zustimmungsraten und zeigte sich gegenüber zahlreichen Anfechtungen sowohl von linker als auch von rechter Seite resistent.

Zur bundesrepublikanischen Prosperität trat die Ausrichtung auf Frieden und Völkerverständigung in der europäischen Idee. Auch hierbei sollte sich die Kombination von Markt und politischem System als entscheidend für die Integration der beteiligten Staaten herausstellen. Anfängliche Initiative für eine europäische Konföderation ergriff vor allem der im Elsass geborene Robert Schuman (1886 bis 1963). In der Industriepolitik erkannten er und seine Mitstreiter den Motor der europäischen Einigung. Schuman konnte dabei auf das Einvernehmen Konrad Adenauers setzen. Eine erste europäische Zusammenarbeit ergab sich auf dem Gebiet der Schwerindustrie. 1952 trat die »Europäische Gemeinschaft für Kohle und Stahl« (EGKS) in Kraft, an der Belgien, Luxemburg, die Niederlande, Italien, Frankreich und Deutschland partizipierten. Die so genannte »Montanunion« schaffte in ihrem Geltungsbereich bestehende Zölle und Abgaben ab und erweiterte somit den einheitlichen Markt, um im Rahmen der internationalen Konkurrenz wettbewerbsfähig zu bleiben. Aus dem industriepolitischen Keim entwickelten sich weitere Kooperationen zwischen den beteiligten Ländern. Mit den »Römischen Verträgen« des Jahres 1957 wurde eine umfassendere »Europäische Wirtschaftsgemeinschaft« (EWG) gegründet, in deren Rahmen 1968 eine Zollunion aufgelegt wurde. Die Ausweitung des gemeinsamen Marktes erfuhr 1978 einen weiteren Schub, als das »Europäische Währungssystem« (ECU) – auch auf dem Gebiet des Finanzmarktes – mehr Marktkompatibilität herstellte. Neben dem liberalisierten Weltmarkt entwickelte sich der »Europäische Markt« mit engen Handelsverflechtungen, was sich insbesondere auf die exportstarke Bundesrepublik positiv auswirkte. Nicht lange blieben die Initiativen auf europäischer Ebene unbeantwortet. Als handelspolitisches Gegengewicht zu den »Europäischen Gemeinschaften« wurde 1960 die EFTA, die »European Free Trade Association«, gegründet. Auch sie verschrieb sich der Vertiefung der Handelsbeziehungen und der wirtschaftlichen Zusammenarbeit. Gut zehn Jahre nach ihrer Gründung traten jedoch zahlreiche Mitgliedsländer der EWG bei, so dass nur noch wenige neutrale Staaten dort verblieben.

Innenpolitisch wurden die Erfolge der »Sozialen Marktwirtschaft« auch als Legitimationsmittel für die staatliche Ordnung insgesamt eingesetzt. In Tradition der Bismarckschen Sozialgesetzgebung wurde 1957 das Rentensystem reformiert. Mit der Dynamisierung der Renten war eine massive Erhöhung der Bezüge verbunden. Dadurch konnte weiteres Vertrauen der Bevölkerung in die in Artikel 20 Absatz 1 des Grundgesetzes festgeschriebene Sozialstaatlichkeit der Bundesrepublik Deutschland und das gesamte wirtschaftliche und politische System Westdeutschlands hergestellt werden. Und mit dem »Gesetz gegen Wettbewerbsbeschränkungen« trat am ersten Januar 1958 zudem so etwas wie die »Magna Charta der Marktwirtschaft« in Kraft, in dem die Zerschlagung und das Verbot von Kartellen und Monopolstellungen festgeschrieben und die Kontrolle des Wettbewerbs unter staatliche Aufsicht gestellt wurden. Ausnahmen bildeten seinerzeit allerdings die sensiblen Bereiche Verkehr, Montan, Banken, Versicherungen und Landwirtschaft.

Die langen 1950er Jahre, während derer die Demokratie flankiert durch stetiges Wirtschaftswachstum und Hochkonjunktur Fuß fassen konnte, endeten abrupt mit der Rezession der Jahre 1966 und 1967, in denen die Zahl der Arbeitslosen um eine halbe Million von circa 200 000 auf 700 000 hochschnellte. Zur Lösung dieser Problematik verständigte sich die »Große Koalition« aus Union und SPD auf eine Wende in der Wirtschaftspolitik, die sich durch mehr staatliche Intervention auszeichnete. Verbunden ist die Renaissance der nachfrageorientierten wirtschaftswissenschaftlichen Ideen des Ökonomen John Maynard Keynes in der Bundesrepublik mit den Namen von Wirtschaftsminister Karl Schiller (1911 bis 1994) und Finanzministers Franz Josef Strauß (1915 bis 1988). Eine »Globalsteuerung« mittels Kreditaufnahme nach dem Muster des »deficit spending« schien den Protagonisten bundesrepublikanischer Wirtschafts- und Finanzpolitik zur Behebung der Krisensituation angebracht. Insbesondere Karl Schiller war von der Ungleichgewichtsthese und nicht von der selbstregulativen Autonomie der Märkte überzeugt. Die Wirtschaft wurde von ihm als der Politik nachgeordneter Teilbereich der Gesellschaft angesehen, die es durch ordnende Einflüsse des Staates in den Markt zu lenken galt. Den Vorstellungen der wirtschaftspolitischen »Globalsteuerung« entspricht das »Stabilitäts- und Wachstumsgesetz« von 1967. Von ihm werden vier Ziele, das so genannte »magische Viereck«, vorgegeben, die zur Wiederherstellung des gesamtwirtschaftlichen Gleichgewichts und in gewisser Weise zur Wiedererlangung des Wirtschaftswunders beitragen sollten. Im Einzelnen sind die vier Zielvorgaben: Geldwertstabilität, ein hoher Beschäftigungsstand, ein angemessenes Wirtschaftswachstum und das außenwirtschaftliche Gleichgewicht. Um die staatliche Lenkung des Marktes umzusetzen, wurde die »Konzertierte Aktion« – regelmäßige Gespräche zwischen Staat, Wirtschaft und Tarifpartnern – beschlossen und verschiedene Konjunkturprogramme aufgelegt. Da nach Überwindung der Krise die kreditfinanzierten Mittel des »deficit spending« nicht zurückgezahlt wurden, erhöhte sich die Staatsverschuldung merklich.

Auch am Weltfinanzmarkt waren die Krisenereignisse nicht spurlos vorbeigegangen. Eine Liberalisierung der Kapitalmärkte wurde dort als probates Mittel angesehen und der Abschied vom Goldstandard eingeleitet. Gold ist bekanntlich ein knapper Naturschatz. Wollte man alles Gold, das jemals gewonnen worden ist, zusammentragen, würde sich daraus ein Kubus von etwa 20 Metern Kantenlänge ergeben. Darum setzte die Ökonomie auf einen neuen, vorderhand weniger begrenzten Rohstoff. Erdöl hatte sich mittlerweile als »neues Gold« und heftig umkämpfte Ressource etabliert. So kam es 1971 unter der Ägide von US-Präsident Richard Nixon (1913 bis 1994) zur Aufhebung der Goldeinlösungspflicht für den Dollar. Der Gold-Dollar-Standard wurde durch einen reinen Dollar-Standard ersetzt. Die bis dahin gültige Festlegung der Wechselkurse war damit aufgehoben. Von nun an war die Währungsstabilität nicht mehr im Gold verankert, sondern mit der Kreditwürdigkeit der Zentralbanken verknüpft.

Die Verteuerung des »schwarzen Goldes« im Ölpreisschock und die höchste Inflationsrate seit 1923 führten zu einer tiefgreifenden Krise, der mit autofreien Sonntagen alleine nicht beizukommen war. Vor dieser gesamtgesellschaftlichen Kulisse ist der Bericht des »Club of Rome« zu sehen, der zu Beginn der 70er-Jahre den Markt an den Grenzen des Wachstums angekommen sah und die ökologischen Konsequenzen des Wirtschaftens der Weltöffentlichkeit vor Augen führte. Spätestens mit der zweiten Ölpreiskrise zu Beginn der 1980er Jahre war zu erkennen, dass den Auswirkungen der Krise langfristig auch nicht mittels massiver Konjunkturprogramme begegnet werden konnte. Aus dem Ende des Fortschrittsoptimismus resultierten die Hinwendung zur Problematik der Ressourcenknappheit und der Umweltbelastung sowie die Erkenntnis, die aus dem expansiven »deficit spending« erwachsene Schuldenbelastung nicht auf die folgenden Generationen abwälzen zu können. Die Idee der nachhaltigen, ökologiegerechten Marktwirtschaft war geboren.

Abseits der gesamtwirtschaftlichen, gesellschaftspolitischen und ökologischen Problemstellungen war die D-Mark seit ihrer Einführung mit der Währungsreform quasi als außenpolitischer Botschafter wirtschaftlicher und finanzieller Prosperität zur Leitwährung in Europa aufgestiegen. Doch in der bundesrepublikanischen Innenpolitik bahnten sich Unzufriedenheit und Veränderungen an. Weil trotz der nachfrageorientierten Politik die Arbeitslosigkeit weiterhin als drängendes Problem bestehen blieb, erschienen neue Konzepte zur Problemlösung angebracht. In den Vereinigten Staaten und in Großbritannien hatten Ronald Reagan (1911 bis 2004) und Margret Thatcher (* 1925) bereits den Weg gewiesen, insofern in beiden Ländern konservative Regierungen auf einen »Neoliberalismus« angelsächsischer Prägung zur Problembehebung setzten. Repräsentiert durch Milton Friedman (1912 bis 2006) und Mancur L. Olson (1932 bis 1998) wurden die monetaristisch orientierten Ökonomen der so genannten »Chicago School« zu entscheidenden Ratgebern für die staatliche Wirtschaftspolitik Englands und Amerikas. In diesem Zusammenhang wurde die ursprünglich von der »Freiburger Schule« geprägte Begriffsbedeutung des »Neoliberalismus« von den Schlagworten ›Deregulierung‹, ›Privatisierung‹, ›Entstaatlichung‹ – später auch ›Globalisierung‹ – überlagert. Insgesamt setzte die Politik der beiden Staaten auf umfangreiche Liberalisierungen des Waren-, Kapital- und Arbeitsmarkts. Die neue wirtschaftspolitische Ausrichtung vermochte jedoch nicht zu verhindern, dass im Jahr 1987 der »Dow Jones Index« um etwa ein Viertel seines Wertes absackte, was als so genannter »Schwarzer Montag« des 19. Oktobers in die Börsengeschichte einging. Die Spekulationskrise stand am Ende einer Kursverdoppelung, die binnen zweier Jahre erreicht worden war. Aufgrund des vernetzten Börsenhandels, der nicht mehr nur auf dem (analogen) Parkett stattfand, verbreitete sich die Krise schnell auch auf Asien und Europa und erreichte somit eine neue Dimension. Der Markt befand sich auf dem Weg in das Zeitalter der vernetzten Ökonomie.

Im Übergang der 1980er zu den 1990er Jahren ergaben sich

jenseits der Einführung der Computertechnologie noch ganz andere Umwälzungen, die Möglichkeiten für eine bislang nur schwer denkbare Ausweitung des Marktes bargen. Mit den friedlichen Revolutionen in den Ostblockstaaten und dem Ende der DDR kam es zur Wiedervereinigung Deutschlands und zur Öffnung des bislang als Demarkationslinie zwischen Markt- und Planwirtschaft geltenden »Eisernen Vorhangs«. Die Umwandlung der sozialistischen Planwirtschaften in Marktwirtschaften löste insbesondere in Deutschland einen Vereinigungsboom aus, der sogar die Folgen der Weltrezession des Jahres 1993 durch einigungsbedingte Sondereffekte abfederte. Mit der Wirtschafts-, Währungs- und Sozialunion vom 1. Juli 1990 wurde die D-Mark zum einzigen Zahlungsmittel in der DDR. Die Vollendung der staatlichen Einheit am 3. Oktober 1990 bedeutete das Ende des sozialistischen Staates und dessen Wirtschaftssystems. Zum Übergang in die Marktwirtschaft und zur Sicherung des Wettbewerbs in Ostdeutschland führte die eigens hierfür eingerichtete »Treuhandanstalt« umfangreiche Privatisierungsmaßnahmen durch. Über die Umstellung der Löhne und zusätzliche Liquiditätszufuhr wurde eine angemessene Erstausstattung zum Markteintritt der Ostdeutschen angestrebt. Doch hatte der marktwirtschaftliche Neustart auf dem Weg zur Einheitlichkeit der Lebensverhältnisse mit der Hypothek von 40 Jahren sozialistischer Planwirtschaft zu kämpfen. Zur Verringerung der Ost-West-Disparitäten wurden Förder- und Ausgleichszahlungen im »Gemeinschaftswerk Aufschwung Ost« gebündelt, das neo-keynesianische Züge trug. Seit 1994 wird der Aufbau Ostdeutschlands mit dem als Sondersteuer erhobenen »Solidaritätszuschlag« finanziert.

Das Ende des Ostblocks und die Systemtransformation der sozialistischen Ökonomien in marktwirtschaftliche Wirtschaftsformen war eine Seite der Marktausweitung, hinzu trat die als wirtschaftliches Phänomen reflexiv wahrgenommene Globalisierung. Der Welthandel war gleichsam wieder auf die Situation vor 1914 zurückgeführt worden, was eine Harmonisierung der Weltkonjunktur und eine enorme Öffnung des Marktes bedeutete. Erstmals entstand nun ein weltweiter Kapital- und Finanzmarkt, der gefördert wurde durch die Aufhebung ordnender Restriktionen im Rahmen neoliberaler Privatisierungs- und Deregulierungsmaßnahmen. Dadurch ist aber zugleich auch eine Zunahme der Währungsturbulenzen seit den 1980er Jahren zu verzeichnen. Auch auf der Ebene der »Europäischen Union« schlug sich die weltpolitische Entwicklung im Bereich der Marktpolitik nieder. Der Vertrag von Maastricht, der 1992 geschlossen wurde, legte fest, dass im Binnenmarkt fortan keine Zoll- und Handelsbarrieren mehr vorhanden sein sollten. Auch die Schaffung der »Europäischen Zentralbank« (EZB) war ein Ergebnis des Vertragswerks. In den Änderungen der Verträge von Amsterdam (1997), Nizza (2001) und von Lissabon (2007) wurde die marktliberale Politik fortgesetzt. Insgesamt gekennzeichnet war die Weltwirtschaft der 1990er Jahre durch Staatsverschuldungs- und Währungskrisen und Abwertungen, wie etwa in den Jahren 1994 und 1995 die Mexiko-Krise, 1997 und 1998 die Asien-Krise der so genannten »Tiger-Staaten«, 1998 die Russland-Krise und die bis 2005 andauernde Argentinien-Krise.

Im März 2000 platzte die »Dotcom-Blase«, was die schnelle Börsenkapitalisierung der Anbieter neuer Informations- und Kommunikationstechnologien beendete. Mit diesem ökonomischen Paukenschlag begann der vom Problem des »Millenium-Bugs« auch kalendarisch markierte Start in ein digitales Jahrhundert. Nachdem institutionelle Anleger die von den Unternehmen gemachten Zukunftsversprechen mit den Unternehmensvermögen und der realen Größe verglichen und kritisch auf Chancen und Risiken hinterfragt hatten, stürzten die am »Neuen Markt« notierten Werte ab. Einen weiteren Dämpfer erhielt der Optimismus in die Segnungen einer globalisierten und vernetzten Welt durch die Terrorangriffe des 11. Septembers 2001 in den USA. Wenige Wochen vor diesem Datum, präzise: am 1. Juli 2001, war in Europa von zwölf EU-Mitgliedstaaten die Wirtschafts- und Währungsunion umgesetzt worden, die die gemeinsame Währung des Euros an die Stelle der nationalen Währungen treten ließ.

Seit der »Dotcom-Krise« verlegte sich der globale Finanzmarkt auf windige Geschäftsmodelle, vor allem in den USA, und investierte in die spekulative Immobilienbranche. Angefacht wurde die Situation durch den politischen Willen, gemäß der Devise »home sweet home« jedem Amerikaner den Erwerb eines Eigenheims zu ermöglichen. So genannte »Subprime Kredite« und selbst von Finanzexperten nicht mehr ohne weiteres durchschaubare Schachtelgeschäfte lösten einen vordergründigen Boom aus, dem allerdings nur Einschätzungen und wenig reale Gegenwerte gegenüber standen. Auch deutsche Banken gründeten, um an dem lukrativen Geschäft mit besten Dividenden teilzuhaben, eigens hierfür Tochterinstitute. Bislang als seriös geltende Institute, wie die unter staatlicher Aufsicht stehenden Landesbanken, beteiligten sich wegen der winkenden Margen an der Expansion des Finanzmarktes. Erst als im Jahr 2008 erste Banken und Versicherer in den Vereinigten Staaten bankrott gingen, wurde das internationale Ausmaß der wackeligen Finanzkonstruktionen sichtbar. Die bislang kaum bekannten Institute »Lehman Brothers« und die Immobiliendirektversicherer »Freddie Mac« und »Fannie Mae« bestimmten plötzlich die Tagesnachrichten. Auch in der Europäischen Banken- und Finanzwelt und vor allem in den Ländern der Wirtschafts- und Währungsunion leitete das drohende ›Aus‹ als systemrelevant eingeschätzter Institute eine bislang ungekannte Finanz- und Währungsmarktkrise und staatliche Rettungsmaßnahmen in Milliardenhöhe ein. Über das Mittel der Teilverstaatlichung, wie bei der Commerzbank, oder durch die komplette Überführung in Staatsbesitz, wie bei der Hypo Real Estate, konnte ein kompletter Crash des Finanzmarktes und der Kreditversorgung abgewendet werden, das Übergreifen der Krise in die Realwirtschaft war allerdings nicht zu verhindern.

Rettungsschirme in Form von Bürgschaften und Liquiditätshilfen der EZB wurden aufgespannt, doch ließ sich aufgrund des Nachfragerückgangs auf wichtigen Absatzmärkten eine Rezession nicht abwenden. In eilfertig geschnürten Konjunkturpaketen und durch nachfragefördernde Aktionen, wie etwa die »Auto-Abwrackprämie«, die Bereitstellung von Liquidität über Kreditprogramme oder beschäftigungssichernde Maßnahmen über die Ausweitung des Kurzarbeitergeldes, konnten die Folgen für die Bundesrepublik Deutschland im internationalen Vergleich abgemildert werden, was jedoch nichts an der generellen Problematik von Staatshilfen und der damit entstandenen Schuldenlast ändert. Auch die Bedrohung Griechenlands, Irlands, Italiens, Spaniens oder Portugals durch einen Staatsbankrott konnte durch Bürgschaften in Milliardenhöhe nicht aufgehalten werden. Wenngleich für die Jahre 2010 und 2011 insbesondere in Deutschland wieder Wachstum zu verzeichnen ist, ist dieses doch mit dem Preis hoher Staatsverschuldung dies und jenseits des Atlantiks, wackeligen Bürgschaften in dreistelliger Milliardenhöhe und geringerer parlamentarischer Haushaltssouveränität erkauft. Die Gefahr einer Schuldenfalle in der Euro-Zone und das Auseinanderbrechen der Wirtschafts- und Währungsunion sind damit nicht gebannt. Ein weitgehend unregulierter globaler Finanzmarkt erwies sich in diesem Zusammenhang als Gefährdung für Staatlichkeit und politische Entscheidungsprozesse und wirkte sich insgesamt diskreditierend auf die Legitimität der bundesrepublikanischen Wirtschaftsordnung der »Sozialen Marktwirtschaft« aus.

Momentan wird in der öffentlichen Wahrnehmung den Informations- und Telekommunikationstechnologien die Rolle des wichtigsten Zukunftsmarktes eingeräumt – und mit zur Größe antiker Heldenfiguren stilisierten Protagonisten, wie Mark Zuckerberg (*1984), dem Facebook-Gründer, popularisiert. Landwirtschaft und die Herden des Hermes sind aber angesichts der stetig steigenden Weltbevölkerungszahl ebenfalls Felder, auf denen dringend Innovationen zur Sicherung der Welternährung gebraucht werden.

Doch angesichts der medialen Fokussierung auf lediglich eines der Aufgabenfelder des Hermes, nämlich auf den Austausch von Waren, Finanzen und Informationen, der zwar nicht mehr mit mythologischen Flügelschuhen, sondern auf der

Datenautobahn, oder, um eine neue Metapher zu verwenden, zukünftig in der sozusagen dem Olymp näheren Computing-Cloud vonstatten gehen wird, ist die Menschheit noch immer vor dieselbe Herausforderung einer friedlichen Koexistenz gestellt. Umso mehr liegt in der Rückbesinnung auf die wohlstandsgenerierende Wirkung eines geordneten und verlässlichen Marktes sowie im Vertrauen auf dessen zivilisatorische Leistung, wie sie uns schon im homerischen Hymnus begegnete, die Zukunft eines durch wirtschaftliches Handeln der Individuen konstituierten globalen Zusammenlebens. Schaut man sich die Wachstumsrate über eine Zeitraum von 200 Jahren an, kann von einer Steigerung um etwa 2.000 Prozent ausgegangen werden. Ohne die Findigkeit der Menschen und die stetige Ausweitung des Marktes wäre dieser Effekt sicherlich nicht zu verzeichnen gewesen. Der aus antikem und christlich-abendländischem Erbe entstammende Marktskeptizismus hat es jedenfalls über die Jahrhunderte hinweg nicht vermocht, das Vertrauen in die Kräfte des Individuums zu unterbinden. Nach wie vor ist das Versprechen von individuellem Glück und Reichtum, wie es etwa auch vom Stab des Hermes oder durch die nie versiegende Geldbörse des Fortunatus symbolisiert wird, Triebfeder für marktwirtschaftliches Handeln. Lediglich die gesellschaftlichen und ethischen Rahmenbedingungen haben sich im Lauf der Geschichte gewandelt.

Im folgenden Kapitel wechseln wir von der geschichtlichen Betrachtung des Marktes über auf eine weitere, kulturgeschichtlich bedeutsame Ebene. Auch sie ist im Mythos von Hermes geborgen, und zwar durch sein kultisches Handeln sowie durch seine Zuordnung zum Götterreich des Olymp: die Religion. Anhand der Überlegungen ausgewählter Autoren, die sich mit religionsgeschichtlichen und religionssoziologischen Fragen des Marktes beschäftigt haben, werden nun drei Modelle einer religiösen Genealogie des Marktes vorgestellt.

Religion des Marktes

Folgt man einer Spur, die sich aus historischen, archäologischen und ethnologischen Komponenten zusammenfügt, so liegt dem uns durch die Laut- und Schriftlichkeit der Sprache vermittelten Mythos von Hermes die Frühgeschichte des Marktes in Form des so genannten »silent trade« voraus. Ihm eignet in seiner Archetypik der Nimbus des Religiösen. Primitive Märkte sind, entsprechend dieser historisch-ethnologischen Argumentationslinie, dadurch entstanden, dass sich Individuen, wie dies auch im Mythos von Hermes beschrieben wird, aus dem Schutz ihrer vertrauten Gemeinschaft herausbegaben, um sich ihren »Ungenossen« (Max Weber) – zunächst Geistern und Göttern, dann Menschen – mittels Gaben besänftigend anzunähern. In einem lange währenden Prozess der Vergesellschaftung stellten Genossen und »Ungenossen«, ähnlich wie Hermes und Apollon, fest, dass sie als Brüder geboren wurden.

In seiner »Soziologie« hat Georg Simmel (1858 bis 1918) den Konnex zwischen dem Fremden und dem Händler plastisch beschrieben:

> »In der ganzen Geschichte der Wirtschaft erscheint der Fremde allenthalben als der Händler bzw. der Händler als Fremder. Solange im wesentlichen Wirtschaft für den Eigenbedarf herrscht oder ein räumlich enger Kreis seine Produkte austauscht, bedarf es innerhalb seiner keines Zwischenhändlers; ein Händler kommt nur für diejenigen Produkte in Frage, die ganz außerhalb des Kreises erzeugt werden. Insofern nicht etwa Personen in die Fremde wandern, um diese Erforderlichkeiten einzukaufen – in welchem Falle sie dann in diesem andern Gebiete eben die ›fremden‹ Kaufleute sind – muß der Händler ein Fremder sein, für einen andern ist keine Existenzgelegenheit.«[17]

Mit kostbaren Gaben versehen, um eine knappe Rekonstruktion der Gestalt des zuvor angesprochenen »silent trade« vorzunehmen, näherten sich auserwählte Boten der »Genossenschaft« vorsichtig dem Gebiet der »Ungenossen« an, indem sie die mitgebrachten Gaben in Äquidistanz zwischen ihrem Territorium und dem Territorium der fremden Mächte oder Stämme deponierten. Dadurch forderten sie die Wandlung der zur Besänftigung und zum Heil der »Genossenschaft« eingesetzten Objekte heraus. Hierin haben wir ein auch im christlichen Abendmahl noch bekanntes religiöses Grundmuster, das der Wesensverwandlung, der Transsubstantiation.

Jene ersten, auf menschlicher Neugierde und Entdeckungslust beruhenden Tauschrituale, die sich zunächst auf den Austausch von Gaben, mit zunehmender Säkularisierung des Tauschgeschehens auch auf Waren, Dienstleistungen und Ideen ausweiteten, sind die Grenzen der eigenen räumlich-gedanklichen Vorstellungswelt transzendierende Handlungen mit sakral-religiösem Charakter. Aus regelmäßiger ritueller Praxis entwickelten sich institutionalisierte, außerhalb des von der Gemeinschaft bewohnten Territoriums gelegene Tauschplätze, die von dazu bestimmten Personen einem geordneten Ritus unterworfen wurden. Für das Heraustreten aus der Gemeinschaft in den gefährlichen Bereich der »Ungenossen« erhielt der Übermittler einen Anteil an der bereitgelegten Gabe oder eine angemessene Entschädigung für seine gefahrenträchtigen Unterhändlerdienste. Insbesondere die Tatsache, dass der auf neutralem Boden gelegene Tauschplatz eine dem Zugriff der Gemeinschaft enthobene Exterritorialität aufwies, und der Faktor, dass ein von Unsicherheit gesäumter Weg dorthin zurückzulegen war, verlangte von dem Boten Freiwilligkeit und mutiges Handeln. Der damit verbundene explorative Prozess der Aneignung des Unvertrauten ist getrieben von menschlicher Neugierde. Jenes Grundmuster der geschenkbasierten Annäherung an die »Ungenossen« mittels Tauschs hat Marcel Mauss (1872 bis 1950) ausführlich in seinem Buch über »Die Gabe« beschrieben.

Markt wäre zufolge der eingangs skizzierten, noch vor dem Übergang vom Mythos zum rationalen Logos angesiedelten ethnographischen Genealogieerzählung nicht dem säkularen Bereich des Hauswirtschaftens, sondern dem Bereich des religiösen Ritus zuzuordnen. Das Genealogiemodell des Marktes, das von ihm als einem exterritorial gelegenen Ort des sakral motivierten Gabenaustausches ausgeht, bezieht sich also auf eine Zeitspanne, die noch weit vor der funktionalen Differenzierung der Gemeinschaft in gesellschaftliche Teilsysteme, wie etwa Wirtschaft, Wissenschaft, Kunst, Religion oder Politik, anzusetzen ist.

Erst später verlagerte sich der exterritoriale Tauschplatz, der das Zurücklegen einer Wegstrecke aus dem Bereich einer über Vergenossenschaftung geschützten Umgebung impliziert, wie wir ihn in etwa heute noch bei Freihäfen oder im Duty-free-Bereich haben, von der Peripherie der Genossenschaft in deren Zentrum. Nachdem sich durch Gewohnheit die materielle Nützlichkeit des Tauschhandels über die zunächst implizierte befriedende und heilspendende Wirkung hinaus erwiesen und als Fortschrittsgenerator im Erfahrungsschatz gefestigt hatte – und zudem über seine Vorteile im Medium der Sprache reflektiert werden konnte –, kam es zur Annäherung des Marktes an die infolge positiver Wohlstandseffekte zusehends gegenüber Neuerungen aufgeschlossene Gemeinschaft. In der griechischen Agora oder dem mittelalterlichen Marktplatz haben wir solche teilsäkularisierten, dem Territorium einverleibten Märkte, aus denen aufgrund ihrer anziehenden Wirkung Zentren der frühen Kulturbildung hervorgehen konnten. Vielfach zeichneten sie sich aus durch ihre Nähe zu sakralen Gebäuden oder Bezirken, wie etwa den Tempeln auf dem Forum der Antike oder den Kirchen im Umfeld der Marktplätze des Mittelalters.

Der räumlichen Annäherung des Marktes an die Gemeinschaft folgte mit dem Prozess der Aufklärung auch eine ideelle Inkorporierung. Besonders seit dem 18. Jahrhundert trat der Markt aus seinem genuin sakralen Kontext heraus. Ökonomie konstituierte sich nunmehr als eine Wissenschaft innerhalb der entstehenden Staats- und Zivilgesellschaften mit dem Ziel, den Wohlstand der Nationen zu steigern. Dass die Ökonomie und die Auseinandersetzung mit dem Markt, wie im nächsten Kapitel zu lesen sein wird, heute einen festen Sitz im öffentlichen und akademischen Leben haben, dürfte unbestritten sein. Doch erst mit der reflexiven Betrachtung über die historische und theoretische Genealogie des Marktes wurde neuerdings – und dies hauptsächlich von Kritikerseite – der religiöse Charakter des Marktes im Sinne einer »quasi-religiösen Oikodizee« oder einer »Metaphysik des Marktes« als Deutungsmuster wiederentdeckt.[18]

Der These, dass es ein »Jenseits von Angebot und Nachfrage«[19] gebe, das bei der Betrachtung des Marktes nicht vernachlässigt werden dürfe, waren sich allerdings schon die Vertreter der »Freiburger Schule« gewiss, wie sie in einigen ihrer zu unrecht vergessenen kulturökonomischen Schriften bereits Mitte des 20. Jahrhunderts ausgeführt haben. Jene religiös überlagerten, zumeist unter dem Prä des christlich-abendländischen Weltbildes und seines Verrats im »Zeitalter der Extreme« stehenden Einsichten in die Wertgebundenheit wirtschaftlichen Handelns hatte bereits John Stuart Mill als ein subsumptiver Vertreter der ökonomischen Klassik hervorgehoben. In seinen wirtschaftspolitischen Schriften über die »Grundsätze der politischen Ökonomie« betonte er ausdrücklich die Wertgebundenheit wirtschaftlichen Handelns. Nachfolger in dieser Traditionslinie erwuchsen ihm mit Alexander Rüstow und Wilhelm Röpke. Letzterer ging, den Menschen als emotionalen »homo religiosus« (21) und nicht genuin als rationalen »homo oeconomicus« begreifend, davon aus, dass »die Dinge jenseits von Angebot und Nachfrage, von denen Sinn, Würde und innere Fülle des Daseins abhängen, die Zwecke und Werte die dem Reich des Sittlichen im weitesten Verstande angehören« (18), entscheidend sind für die Positionierung des Marktes innerhalb des gesamtgesellschaftlichen Gefüges.

Die »Voraussetzungen und Grenzen des Marktes« (130) gründen ihm zufolge in der sozial konstituierten Relativität der Marktwirtschaft und seiner Akteure, denn:

> »Menschen, die auf dem Markte sich miteinander im Wettbewerb messen und dort auf ihren Vorteil ausgehen, müssen um so stärker durch die sozialen und moralischen Bande

> der Gemeinschaft verbunden sein, anderenfalls auch der Wettbewerb aufs schwerste entartet. Mit anderen Worten: die Marktwirtschaft ist nicht alles, sie muss in einen höheren Gesamtzusammenhang eingebettet sein, der nicht auf Angebot und Nachfrage, freien Preisen und Wettbewerb beruhen kann. Sie muss vom festen Rahmen einer Gesamtordnung gehalten sein, die nicht nur die Unvollkommenheiten und Härten der Wirtschaftsfreiheit korrigiert, sondern auch dem Menschen die seiner Natur gemäße Existenz nicht verweigert.« (131)

Mit diesem Plädoyer für eine umfassende Betrachtungsweise des Marktes, für die Integration in einen gesellschaftlich auszuhandelnden Ordnungsrahmen sowie für die Einfriedung in das menschliche Handeln allgemein sind die Positionen benannt, die uns dabei helfen können, den Blick auf die Genealogie des Marktes und dessen Säkularisierung von einer religiösen Erscheinung zu einer gesellschaftlichen Realität zu konkretisieren. Dass die »Freiburger Schule« in ihren Ordnungsvorstellungen dem religiösen »Ordo-Denken« des Mittelalters verpflichtet ist, spricht wiederum für die These von der religiösen Grundgestimmtheit des (neo-)liberalen Marktmodells.

In der Wilhelm Röpke zugeeigneten Schrift Alexander Rüstows über das »Versagen des Wirtschaftsliberalismus«, die ursprünglich während dessen Exils in der Türkei unter dem Titel »Das Versagen des Wirtschaftsliberalismus als religionsgeschichtliches Problem« als Heft 12 der Istanbuler Schriften erschienen war und im Untertitel ausdrücklich auf den religiösen Charakter des Marktes verweist, skizziert der Nationalökonom Rüstow die Umrisse einer »Wirtschaftstheologie« ausgehend von den griechischen Philosophen Pythagoras (um 570-nach 510 v. Chr.), Heraklit (um 520-um 460 v. Chr.) und den Anhängern der Stoa, von denen er eine Traditionslinie zu den Physiokraten anknüpft, um sie bei Adam Smith und dessen Nachfolgern, die Rüstow anhand ihres Marktverständnisses und Menschenbilds in Optimisten und Pessimisten unterteilt, einmünden zu lassen.[20] In der Blindheit der Beschäftigung mit dem Markt »gegenüber Bedingungen und Bedingtheiten des eigenen Denkens und Handelns« (25), also im Mangel an kritischer Reflexion und gesellschaftlicher Integration, sieht er die wesentlichen Probleme eines vom Gesamtkontext enthobenen Marktbildes. Der ausgesprochenen Soziologieblindheit, die vor allem im Liberalismus, der den Markt als vorbildliches Modell darstelle, kultiviert worden sei, korreliere sein »theologisch-metaphysische[r] Ursprungscharakter« (27). Der Erfolg dieses Modells gründe darin, dass die religiöse Betrachtungsweise des Marktes durch den Liberalismus und dessen ursprüngliche Verortung »in einer noch theologiebeherrschten Welt, eine ungeheuere Missionskraft und einen unwiderstehlichen Schwung« (27) aufzuweisen habe. Gleichsam der Lehre von der »harmonia coelestis«, der mittelalterlichen Sphärenharmonie, werde dogmatisch an der Gleichgewichtsthese zwischen Angebot und Nachfrage festgehalten und von einem voraussetzungslosen Automatismus des Marktes und dessen Selbstheilungskräften ausgegangen. In jenem Unbedingtheitsglauben sieht Rüstow das Weiterleben des bereits erwähnten »theologisch-metaphysischen Ursprungscharakters der liberalen Wirtschaftslehre« (27). Er spiegele sich vor allem in der »Überzeugung von der Selbstgenügsamkeit, der bedingungslosen, unbedingten Gültigkeit der Marktgesetze« (89).

Adam Smith, um explizit auf den letzten Vertreter in der von Rüstow aufgelisteten Reihe quasi »ökonomietheologischer« Denker einzugehen, habe den zwischen Angebot und Nachfrage vermittelnden Gleichgewichtsmechanismus in seiner in der »Theorie der ethischen Gefühle« eingeführten Metapher von der »unsichtbaren Hand« popularisiert und mittels dieser bildkräftig dargestellt, wie der Markt zugleich dem Einzelinteresse und dem Gemeinwohl dienlich sein könne. Anhand der Frage, wie die Autonomie des Gleichgewichtsmechanismus beurteilt wird, unterscheidet Rüstow nun die optimistische und die pessimistische Traditionslinie des religiösen Redens über den Markt, die bis in heutige ökonomische Diskurse fortwirke.

In den Augen Rüstows handelt es sich bei der Sichtweise,

die von einer absoluten Autonomie des Marktes ausgeht, um ein vermeintliches »Kausalgefüge von göttlicher Würde und Wohltätigkeit und von naturgesetzlicher Strenge und Allgemeingültigkeit« (27). Von einem solchen Standpunkt der Überheblichkeit ausgehend, erscheine es »vermessen wie vergeblich, nach einschränkenden soziologischen, also kleinmenschlichen, Bedingungen« (61) zu fragen, denn der »von dem numinosen Lichte rationaler ökonomischer Offenbarung zugleich gebannte und geblendete Blick« werde für »Probleme des soziologischen Halbdunkels mehr und mehr blind« (61).

In Anlehnung an Max Schelers (1874 bis 1928) Kategorisierung des Wissens in Leistungs- und Erlösungswissen, die der Philosoph und Soziologe Mitte der 1920er Jahre vorgenommen hatte, konstatiert Rüstow, dass

> »die liberale Marktwirtschaft keineswegs als reines Leistungswissen ihre geistesgeschichtliche Laufbahn antrat, sondern dass sie ursprünglich sehr stark den Charakter des Erlösungswissens trug, wenn auch eines nicht nur kontemplativen, sondern eines zugleich prophetisch-aktivistischen Erlösungswissens.« (78)

Der Schöpfer des Begriffs ›Neoliberalismus‹ referiert mit seiner Akzentuierung der prophetisch-aktivistischen Komponente des Erlösungswissens, die über den Status des Kontemplativen hinausreiche, auf Max Webers berühmte Protestantismusthese, die im »Geist des modernen Kapitalismus« ebenfalls eine, wenngleich stärker auf die Säkularisierungseffekte abhebende Verknüpfung von Markt und protestantischer, auf innerweltliche Reputation ausgerichteter Religionsausübung herstellt. In der Weberschen Traditionslinie der Verknüpfung des Marktes mit der Religion tritt uns eine weitere einflussreiche Variante für die Genealogie des Marktes im Sinne eines religiösen Deutungsmusters entgegen, auf die in Folge der Darstellung ausführlicher zurückzukommen sein wird.

Nicht Vor- bzw. Überordnung der Religion, wie anhand des ethnographisch-historischen Modells des »silent trade« dargestellt, sondern im Rückgang bzw. in der Verlagerung der

Religion in die Innerlichkeit sieht Richard H. Tawney (1880 bis 1962) in seiner Studie über die Religion und den Aufstieg des Kapitalismus die entscheidende Bedingung für die Entwicklung des auf marktwirtschaftlicher Ordnung basierenden Frühkapitalismus.[21] In seinen – ähnlich wie bei Rüstow durch persönliche christliche Überzeugungen geprägten – Schlussfolgerungen geht Tawney sogar soweit, von der Wirtschaft als einer Art »Gegenreligion« zu sprechen.

Noch am Anfang der Reformation sei die Wirtschaft ein Zweig der der Theologie zugeordneten Ethik gewesen. Seitdem aber infolge der Aufklärung die Idee eines kongruenten Heilsplans ad actas gelegt worden sei, müsse man konstatieren, dass die Ethik sich zu einem säkularisierter Zweig der Wirtschaft entwickelt habe. Durch die Verweltlichung der christlichen Soziallehre seien Zweck- und Nützlichkeitserwägungen vor das Seelenheil getreten, und es habe sich der moderne Dualismus von Weltlichem und Geistlichem herausgebildet. In der »Herauslösung wirtschaftlicher und sozialer Fragen aus der religiösen Ganzheit des Lebens« (279) sieht Tawney nunmehr den Grund für den Aufstieg des Kapitalismus zur sinnstiftenden Lehre. Nachdem vermittelt durch das reformatorische Lager die ehedem nach außen gerichtete Religion eine Stätte im Herzen des Einzelnen gefunden habe, habe wiederum die Ökonomie die neu entstandene religiöse Leerstelle in der Gesellschaft zu füllen vermocht. Begünstigt habe diese Entwicklung die weitgehende Vermeidung der praktischen Anwendung religiöser Regeln auf Handel, Finanzen und Besitz, wodurch die ehedem gegebenen Berührungspunkte zwischen Religion und Wirtschaft geschwunden seien. Zu diesem Gesinnungswandel, weg von der Religion, hin zur Ökonomie, sei es vorrangig durch den sich auf letzterem Gebiet einstellenden Fortschritt gekommen.

Das Spannungsverhältnis zwischen moralischen Forderungen der Religion und den Ansprüchen der Wirtschaftsstruktur sei in der postreformatorischen Gesellschaft Großbritanniens, von der Tawney in seiner Untersuchung ausgeht, nicht mehr, wie noch von den Reformatoren, empfunden worden. In der

Zeit nach der Reformation habe die kirchliche Soziallehre Schwierigkeiten gehabt, mit dem gesellschaftlichen Fortschritt standzuhalten. Erst wieder die »Katholische Soziallehre« des 19. und 20. Jahrhunderts hat sich ausdrücklich darum bemüht, die von Tawney festgestellte Kluft zwischen religöser Lehre und wirtschaftlichem Handeln zu überwinden.

Begünstigt worden sei die Sakralisierungstendenz der Ökonomie außerdem durch die schleichende Verbündung der Religion mit dem Staat, wohingegen die Innerlichkeitsbewegung und das Idealistentum der Romantik eine bereits im Mittelalter angelegte Abkoppelung der Religionsausübung von der Welt des Materiellen ins Säkulare gewendet habe. Auch in diesem Gedankengang Tawneys währen die Tradition christlicher Kritik am Wirtschaften und die sittliche Empörung über den »Götzendienst am Mammon« in abgemilderter Weise fort. In der reformatorischen »Sola-fide-Überzeugung«, die davon ausgeht, dass lediglich aus persönlichem Glauben Gerechtigkeit entspringen könne und nicht durch Werke, gründet das Modell vom Übergang des religiösen Potenzials auf den Bereich des Marktes.

Aus Sicht einer christlichen Position, die Tawney zum Schluss seiner Studie explizit vertritt, merkt er mit Blick auf die Dreißigerjahre des 20. Jahrhunderts kulturkritisch das Fehlen eines übergeordneten Ziels des Wirtschaftens und die Verabsolutierung des Fortschrittsgedankens an, wie dies ab dem dritten Viertel des 20. Jahrhunderts vermehrt aufkommen sollte. Für Tawney ist ebenso wie für Rüstow die moralische Bewertung des zivilisatorischen Fortschritts nicht überkommen und lässt ihn in organischer Bildlichkeit gegen eine quasireligiöse Verabsolutierung der Wirtschaft und gegen eine »Glaubensgemeinschaft der Ökonomen«[22] argumentieren:

> »Eine rationelle Wirtschaft ist in jeder gesunden und lebenskräftigen Gesellschaft unentbehrlich, und nur der unverbesserliche Gefühlsmensch wird ihr ihren Rang absprechen wollen. Aber ein Mittel zum Zweck zu machen, heißt gerade die Leistungsfähigkeit wieder aufheben. Denn in einer hochentwickelten Zivilisation ist die Zusammenarbeit die

> Vorbedingung allen sinnvollen Handelns. Und die Vorbedingung für die Zusammenarbeit ist, dass man sich sowohl über das Ziel seiner Anstrengungen einig ist als auch über die Wertmaßstäbe, die man an den Erfolg zu legen gewillt ist. Über das Ziel kann man aber nur einig werden, wenn verbindliche Werte anerkannt werden, welche eine Standpunktbestimmung ermöglichen.« (282)

Die in der Auseinandersetzung um das Ziel des Wirtschaftens gefundenen Normen dürften selbst allerdings nicht von wirtschaftlicher Herkunft sein, da von ihnen aus ja die relative Wichtigkeit der Wirtschaft in der Gesellschaft beurteilt werden solle:

> »Die bestehende Wirtschaftsordnung und nur zu viele der Reformvorschläge lassen die Einsicht vermissen, dass die seelischen Schäden, die Untergrabung der Selbstachtung und Freiheit durch keinen noch so gesteigerten materiellen Wohlstand wettgemacht werden können.« (283)

Etwas befremdet den Leser des 21. Jahrhunderts hingegen Tawneys eigener, unversöhnlicher Standpunkt, den er im vergleichenden Rückgriff auf die Situation des Urchristentums gewinnt und mit dem er seine These von der »Gegenreligion« in klassisch christlicher Argumentation begründet:

> »Ein Kompromiss zwischen der Kirche Christi und der Geldverehrung, welche praktisch die Religion einer kapitalistischen Gesellschaft ist, ist ebenso unmöglich wie ein Kompromiss zwischen der Kirche und dem vergötzten Staat im Römischen Reiche.« (285)

Nicht die Genealogie des Marktes aus religiösen Praktiken, die vor der Ausdifferenzierung der Gesellschaft stattgefunden hat, also die Gleichsetzung des Marktes mit Religion, wie die Betrachtung des »silent trade« dies nahegelegt hatte oder die Subsumierung des Marktes in ein religiös geprägtes Gesamtsystem, wie dies Röpke, Rüstow und der zuletzt zitierte Tawney formuliert hatten, sondern eine miteinander interferierende Genealogie von Religion und Marktwirtschaft am

Übergang zur Neuzeit steht im Mittelpunkt von Max Webers These vom Einfluss des Geistes eines auf dem Askesegebot beruhenden puritanischen Calvinismus auf die Gestalt des modernen Kapitalismus. Diese dritte, von religiöser Argumentation getragene Genealogieerzählung einer interferierenden Entwicklung materialisiert sich in dem von Weber als idealtypisch für den Kapitalismus bezeichneten, von Glücks- und Luststreben befreiten Streben nach Gewinn. Protestantische Ethik und Kapitalwirtschaft sowie das Zusammentreffen religiöser und gesellschaftlicher Rahmenbedingungen gelten dem Mitbegründer der Soziologie als wichtige Grundlage der »Industriellen Revolution«, die durch Reinvestition des infolge eines »asketisch-protestantischen« Lebens- und Wirtschaftsstils angesammelten Kapitals ermöglicht worden sei. Den historischen Ursprung des Marktes, zu dem in einer zeitlich späteren historischen Konstellation der Protestantismus als interferierendes Element hinzukommen sollte, beschreibt Max Weber ausführlich in seiner Abhandlung über »Wirtschaft und Gesellschaft«:

> »Der Markt ist in vollem Gegensatz zu allen anderen Vergemeinschaftungen, die immer persönliche Verbrüderungen und meist Blutverwandtschaften voraussetzen, jeder Verbrüderung in der Wurzel fremd. Der freie Tausch findet zunächst nur nach außerhalb der Nachbargemeinschaft und aller persönlichen Verbände statt; der Markt ist eine formell friedliche Beziehung zwischen Orts-, Bluts- und Stammesgrenzen, ursprünglich die einzige formell friedliche Beziehung zwischen ihnen. Einen Handel mit der Absicht, Tauschgewinn zu erzielen, kann es ursprünglich zwischen Gemeinschaftsgenossen nicht geben, wie er ja auch unter ihnen, in Zeiten agrarischer Eigenwirtschaften, kein Bedürfnis ist. Eine der charakteristischsten Formen unterentwickelten Handels: der stumme Tausch – Tausch unter Vermeidung persönlicher Berührung, bei dem das Angebot durch Niederlegung von Waren an üblicher Stelle, das Gegenangebot ebenso, das Feilschen durch Vermehrung der beiderseits angebotenen Objekte erfolgt, bis eine Partei entweder unbefriedigt abzieht oder befriedigt die Waren des Gegners mitnimmt – bringt

> den Gegensatz gegen die persönliche Verbrüderung drastisch zum Ausdruck. Die Garantie der Legalität des Tauschpartners beruht letztlich auf der beiderseits normalerweise mit Recht gemachten Voraussetzung, dass jeder von beiden an der Fortsetzung der Tauschbeziehungen, sei es mit diesem, sei es mit anderen Tauschpartnern auch für die Zukunft ein Interesse habe, daher gegebene Zusagen halten und mindestens eklatante Verletzungen von Treu und Glauben unterlassen werden.«[23]

Und in seiner Schrift »Die Ethik des Protestantismus und der Geist des Kapitalismus« formuliert Max Weber, in Absetzung von rein egozentrischen Maximen, das Streben nach Geld zum obersten Gut eines religiös gefärbten Kapitalismus, der auf dieser grundlegenden Stufe der Marktgenealogie aufbaut:

> »Sondern vor allem ist das ›summum bonum‹ dieser ›Ethik‹: der Erwerb von Geld und immer mehr Geld, unter strengster Vermeidung alles unbefangenen Genießens, so gänzlich aller eudämonistischen oder gar hedonistischen Gesichtspunkte entkleidet, so rein als Selbstzweck gedacht, daß es als etwas gegenüber dem ›Glück‹ oder dem ›Nutzen‹ des einzelnen Individuums jedenfalls gänzlich Transzendentes und schlechthin Irrationales erscheint. Der Mensch ist auf das Erwerben als Zweck seines Lebens, nicht mehr das Erwerben auf den Menschen als Mittel zum Zweck der Befriedigung seiner materiellen Lebensbedürfnisse bezogen. Diese für das unbefangene Empfinden schlechthin sinnlose Umkehrung des, wie wir sagen würden, ›natürlichen‹ Sachverhalts ist nun ganz offenbar ebenso unbedingt ein Leitmotiv des Kapitalismus, wie sie dem von seinem Hauche nicht berührten Menschen fremd ist. Aber sie enthält zugleich eine Empfindungsreihe, welche sich mit gewissen religiösen Vorstellungen eng berührt.«[24]

Ausgangspunkt für solche Überlegungen zur Verknüpfung der religiösen Ethik mit dem Ethos des kapitalistischen Wirtschaftens war Webers – von neueren empirischen Studien allerdings weniger geteilte – Beobachtung, dass protestantische Gebiete im historischen Vergleich einen größeren Wohlstand aufzuweisen hätten. In einer religionssoziologischen Argumentation stellt er einen Konnex her zwischen der kapitalistischen Wirtschaftsgesinnung und der Sachlichkeit und Askese des vornehmlich durch Johannes Calvin (1509 bis 1564) formierten Teils des Protestantismus. In jener historischen Konstellation eines durch Rationalität geprägten Okzidents sei Kapital mit Sozialkapital und insofern auch mit geistigem »Heilskapital« gleichgesetzt worden. Wesentliche Anregungen für seine kulturökonomischen Thesen von der »innerweltlichen Askese« und der »Entzauberung der Welt« erhielt Max Weber aus der Auseinandersetzung mit Werner Sombarts (1863 bis 1941) Ansichten zum »modernen Kapitalismus« sowie ganz praktisch durch eine Reise in die Vereinigten Staaten, in der für ihn die wirtschaftliche Prosperität der Gebiete, in denen sich protestantische Immigranten aus den Reihen der Calvinisten, Puritaner, Methodisten und andere Anhänger von Erweckungsreligionen niedergelassen hatten, empirisch greifbar wurde. Als Paradigma hierfür dient ihm dann auch Benjamin Franklin (1706 bis 1790), Initiator und Mitunterzeichner der Unabhängigkeitserklärung der Vereinigten Staaten von Amerika, aus dessen Aussagen er die Spezifik des »Geistes des Kapitalismus« illustrativ herausarbeitet.

Das von der protestantischen Ethik geprägte kapitalistische Wirtschaftsethos beruhe grundlegend auf dem Ausnutzen von Chancen des Tausches in formeller und friedlicher Weise. Ein stützendes Argument für die religiöse Charakteristik des Marktes ist Weber die Stellung des Berufsbegriffs im Protestantismus. Berufsarbeit dient im Weltbild der protestantischen Erweckungsreligionen der Heilsvergewisserung. Und Erfolg wird in Verbindung mit der Lehre von der Vorherbestimmung, der so genannten Prädestinationslehre, als Wohlgefallen in der Pflichtausübung gesehen. Innerweltlicher Erfolg ist somit der Maßstab der persönlichen Erwähltheit, mithin wird diesseitiger Erfolg als Vorrausdeutung auf ein späteres Leben im Jenseits verstanden. Durch die Übertragung dieser den Protestantismus prägenden religiös-seelischen Attitüde auf den modernen Kapitalismus habe sich eine weitreichende ethische Lebensführung und Berufsauffassung herausgebildet, die in gewisser Weise einer Säkularisierung des Gottesdienstes in der innerweltlichen Bewährung gleichkomme. Das Erwirtschaften von Erträgen des Markthandelns durch eine bürgerlich-ökonomische Lebensführung kann dann als eine Form des alltäglichen Gottesdiensts und Verweis auf das Jenseits interpretiert werden.

Zusammenfassend betrachtet präsentieren sich in den anhand repräsentativer Autoren skizzierten Auffassungen zur religiösen Genealogie des Marktes drei Modelle, die einen unterschiedlich gearteten Konnex von Religion und Markt herstellen: Für das an dem Tauschbegriff Marcel Mauss' angelehnte historisch-ethnographische Marktmodell des »silent trade« ist die historische Vorordnung der Religion und die derivative Genealogie des Marktes aus einer sich säkularisierenden Religion kennzeichnend. Getragen wird diese Entwicklung von einzelnen, aus dem Kollektiv heraustretenden Personen. Im Ausfluss des Marktes aus der Religion gründet auch dessen sakraler Charakter als Restbestand ursprünglicher Religiosität. Markt wird hierbei als von jeher prägender Ort der Vergesellschaftung betrachtet. In dieser Perspektive wird der Markt sozusagen als »Ursprungsreligion« verstanden.

Ein anderes Modell zur religiösen Genealogie des Marktes schlagen Röpke, Rüstow und – noch dezidierter – Tawney vor. Rüstow und Röpke betonen den religiösen Charakter der Ökonomie, die ihren Ursprung im Erlösungswissen habe, womit sie sich von der Vorstellung des rational handelnden »homo oeconomicus« verabschieden und die Soziologieblindheit des dahinter stehenden Marktmodells beklagen. Tawney sieht den Markt noch ausdrücklicher als Substitut einer religiösen Leerstelle, die durch eine Qualitätsveränderung von Religion im reformatorischen Zeitalter hervorgerufen worden sei. Dadurch, dass Religionsausübung sich vom öffentlichen Raum ins Private verlagert habe, sei dem Markt die Möglichkeit erwachsen, die religiöse Leerstelle im öffentlichen Raum zu besetzen. Der ursprünglich dem »Oikos« der Hauswirtschaft zugeschriebene Bereich der Ökonomie sei damit anstelle der Religion als »Ersatzreligion« in die Öffentlichkeit getreten. Aus Tawneys christlicher Sicht ist die Ökonomie sogar zur »Gegenreligion« aufgestiegen.

Nicht Vorordnung der Religion vor dem Markt oder Positionstausch von Religion und Markt, sondern interferierende Nebenordnung von Markt und Religion ist das Grundmuster der Argumentation Max Webers. Der dem Kulturprotestantismus zuzurechnende Soziologe stellt die Genealogie des Marktes als einen gleichzeitig ablaufenden, sich wechselseitig bedingenden Prozess dar, der als gesamtgesellschaftliches Phänomen in der historischen Konstellation der Reformation in calvinistischer Ausprägung seine Wurzeln habe. In der in diesem historischen Kontext zutage getretenen Koinzidenz von kognitiven und lebenspraktischen Haltungen, die darauf gründen, den Erweis von Transzendenz in der Immanenz mittels wirtschaftlicher Leistung zu verifizieren, gründet sein Modell von der koinzidentiellen Genealogie des Marktes mit der protestantischen Variante der Religionsausübung. Der dritte hier vorgestellte Ansatz einer religiös gefärbten Genealogie des Marktes geht also von einer historisch bedingten, zeitweilig miteinander interferierenden Parallelität von Religion und Markt aus.

Abschließend wird nun – fortschreitend vom Mythos zum Logos bzw. von der Religio zur Ratio – ein Blick auf die im Prozess der Aufklärung entstandene säkulare Idee des auf Vernunft und Einsicht rekurrierenden »homo oeconomicus« zu werfen sein. Er ist Komplement und in gewisser Weise historischer Nachfolger des »homo religiosus«, weil sich an ihm die säkulare Sichtweise der Welt erweist und sich aus ihm verschiedene Rationalisierungsstrategien des Marktes ausdifferenzieren.

Rationalisierungsstrategien des Marktes

Insofern Angebot und Nachfrage nach ökonomischer Lehre den am Markt zu zahlenden Preis bilden, ist es naheliegend, dass sich Theorien, Modelle, Strategien und Politiken, die sich rationalisierend mit dem Markt und seinen Phänomenen auseinandersetzen, in der Akzentuierung dieser beiden Komponenten unterscheiden. Einerseits gibt es, um die Grundmuster der Marktbetrachtung und die kontrastive Struktur des folgenden Kapitels in knapper Weise zu charakterisieren, eher angebotsorientierte, andererseits eher nachfrageorientierte Marktmodelle. Mit ihnen wird versucht, die Funktionsweise des Marktsystems zu ergründen und daraus praktische Handlungsmaximen abzuleiten. Schon in dem als Ausgangspunkt des Essays gewählten Hymnus über den mythologischen Schutzpatron des Marktes ist die die moderne Diskussion prägende Aufteilung in eine Angebots- und in eine Nachfrageseite in den Charakteren des Hermes und des Apollon angelegt. Wir hören einerseits von Hermes, der seine Ware als nachträgliches Tauschobjekt für die Herde des Apollons anbietet und somit implizit seinen angebotsorientierten Standpunkt vor Zeus und dem Olymp vertritt. Andererseits hören wir von Apollon, der als Käufer mit seiner eigenen, auf die Nachfrage bezogenen Argumentation ebenfalls vor dem Olymp reüssieren möchte. Hermes vermag es, wie der Hymnus in poetischer Form daran erinnert, »die musische Macht« der Leier als Verkaufsargument einzusetzen und somit seinem Angebot eine Nachfrage zu verschaffen. Sein Handeln präfiguriert das in der historisch-wissenschaftlichen Auseinandersetzung mit dem Markt bedeutsam gewordene Theorem des Ökonomen Jean-Baptiste Say (1767 bis 1832), welches besagt, jedes Angebot schaffe sich seine Nachfrage selbst. Dieser für die moderne Ökonomik bedeutsame und zugleich heftig diskutierte Lehrsatz bildet die Grundlage eines angebotsorientierten Marktverständnisses. Die Umkehrung des Sayschen

Theorems, dass sich also die Nachfrage positiv auf das Angebot auswirke – um in der Bildlichkeit des illustrativen Mythos zu bleiben: seitens des mit der Ordnungsfunktion betrauten Olymps mehr Interessenten für die Produkte des Hermes mobilisiert werden müssten –, bietet das entscheidende Argument für die Tradition nachfrageorientierter Marktmodelle und die damit einhergehende Begründung exogener Eingriffe.

Der tiefer liegende und verbindende Ausgangspunkt beider Marktmodelle ist die Frage, wie sich soziale Koexistenz mit den größtmöglichen wirtschaftlichen Vorteilen für alle organisieren lässt, die Frage also, ob das Allgemeinwohl besser von der zu einem Markt zusammengeschlossenen aggregierten Masse der einzelnen Akteure oder von der Seite einer den kollektiven Willen der Einzelnen repräsentierenden Gemeinschaft gewährleistet werden soll. Eine entscheidende Rolle für die Argumentation in die eine oder andere Richtung spielt das von Vertretern dieser Ansichten jeweils vorgehaltene Menschenbild. Um nun die Genealogie der rationalisierenden Theorien, Modelle, Strategien und Politiken, die sich in ihrer Umsetzung entscheidend auf das soziale Handeln auswirken, grob rekonstruieren zu können, ist ein Blick auf historische Vorläufer, Entwicklungen und Abwandlungen der beiden Grundkonzeptionen marktwirtschaftlicher Positionierung vonnöten.

Hierbei erweist sich – um auf die in diesem Kontext gewandelte Sprachlichkeit und somit auch auf die für den nicht mit ökonomischer Terminologie vertrauten Leser erschwerte Eingängigkeit der Darstellung hinzuweisen – der Übergang von den eher erzählerischen Ansätzen des Mythos, der Historia oder der Religio zu einem dem rationalistischen Zeitalter eigenen, analytisch-theoretischen Sprachgebrauch der Wirtschaftswissenschaften. Dieses Phänomen, auf das hier ausdrücklich als eines der gewichtigsten Probleme der Wirtschaftspädagogik hingewiesen werden soll, korreliert der allgemeinen Verwissenschaftlichung menschlichen Handelns in der Moderne und findet Ausdruck in stets komplexeren und voraussetzungsvolleren Theoriemodellen und eben auch in einem exklusiven Fachjargon. Kurzum: Anstelle der konzisen

Erzählung über zwei mythologische Figuren wird im rationalen Zeitalter beispielsweise eine reichlich 300 Seiten umfassende »Allgemeine Theorie der Beschäftigung, des Zinses und des Geldes«[25] für die Interpretation wesentlicher Elemente des Marktgeschehens ins Feld geführt. Die Grundgestimmtheit hierbei ist dann allerdings nicht mehr die erzählerische Sinnstiftung und die Vereindeutigung nach wie vor höchst alltagsrelevanter Sachverhalte, sondern das aufgeklärte Streben weniger Spezialisten nach wissenschaftlicher Ausdifferenzierung und theoriebildendem Erkenntnisgewinn. Unter diesem Gesichtspunkt betrachtet ist das Nachdenken über Fragestellungen des Marktes in Antike und Mittelalter nicht autark von einer umfassenden Sinnstiftung, sondern stets in übergeordnete Kontexte integriert. Erst allmählich löst sich der Markt und das Reden über ihn aus diesen Einbettungen heraus, insofern er sich zu einem eigenen gesellschaftlichen Teilsystem ausdifferenziert – mit ihm eigener Sprachlich- und Begrifflichkeit.

Um den Faden wieder aufzugreifen, wenden wir uns nach diesen sprach- und erkenntniskritischen Bemerkungen nun den historischen Ursprüngen des Nachdenkens über den Markt und einigen Vorläufern heutiger Marktinterpretation zu: Im Kontext der agrarisch ausgerichteten Gesellschaft Attikas hat sich Platon mit seiner »Politeia« als einer der ersten für den europäischen Raum überlieferten Theoretiker gegen das aus marktwirtschaftlichem Handeln erwachsene Gewinnstreben ausgesprochen. Jedoch behandelt er im Rahmen seiner Vision von einer idealen Polis die Ökonomie noch nicht als eigenes wissenschaftliches Erkenntnisobjekt. Und auch in der Philosophie seines Schülers Aristoteles (384 bis 322 v. Chr.) sehen wir, obzwar er über Arbeitsteilung, Wert, Geld und Zins reflektiert, die schon im Wortlaut »Oikonomia« angelegten Gesetzmäßigkeiten lediglich auf den Aspekt des privaten Haushaltens beschränkt. Ökonomie bedeutet somit eine auf die Bedarfsdeckung ausgerichtete Haushalts-, Familien- oder Gutswirtschaft und wird vornehmlich als Grundlage politischen Handelns gesehen. Denn entscheidend geprägt ist die aristotelische »Oikonomia« vom Primat der Politik, was sich auch anhand der Differenzierung von Gebrauchs- und Tauschwert eines Produktes erkennen lässt. Gebündelt stellt sich diese allgemein in der Antike verbreitete, eher marktferne Ansicht darin dar, Geld bedeute keinen Wert an sich, sondern sei vorrangig zur Bewertung eines durch es repräsentierten Gutes heranzuziehen.

> »Für einen späteren Austausch ist uns, wenn kein augenblickliches Bedürfnis dafür vorliegt, das Geld gleichsam Bürge, daß wir ihn im Bedürfnisfalle vornehmen können. Denn wer mit Geld kommt, muß nach Bedarf erhalten können. Freilich geht es mit dem Gelde, wie mit anderen Dingen: es behält nicht immer genau seinen Wert. Jedoch ist derselbe naturgemäß mehr den Schwankungen entzogen.
> Daher muß alles seinen Preis haben; denn so wird immer Austausch und somit Verkehrsgemeinschaft sein können. Das Geld macht also wie ein Maß alle Dinge kommensurabel und stellt dadurch eine Gleichheit unter ihnen her. Denn ohne Austausch wäre keine Gemeinschaft und ohne Gleichheit kein Austausch und ohne Kommensurabilität keine Gleichheit. In Wahrheit können freilich Dinge, die so sehr von einander verschieden sind, nicht kommensurabel sein, für das Bedürfnis aber ist es ganz gut möglich.«[26]

Aus dieser Überlegung heraus wird die Erhebung von Zinsen negativ beurteilt, da diesen kein realer Wert gegenüberstehe. Aristoteles unterscheidet somit deutlich zwischen Haus- und Geldwirtschaft und geht davon aus, dass nicht naturalwirtschaftlich geschaffene Gewinne schlecht für das Gemeinwohl seien, da sie sowohl die Natur als auch die Gesellschaft schädigten.

Auch die römischen Schriftsteller und Rechtsgelehrten hatten noch ihren Bezugspunkt in der Agrarwirtschaft, gleichwohl durch die Kodifikation des römischen Rechts erstmals ökonomische Begriffe und Grundvorstellungen, wie etwa die schon von Aristoteles vertretene Auffassung über den gerechten Preis, einem breiteren Personenkreis einsichtig wurden. Hinter der Vorstellung vom »iustum pretium«, dem gerechten

Preis, verbirgt sich die Annahme, dem Austausch von Waren und Gütern komme ein ethisch-normativer Wert zu, woraus zu ersehen ist, dass nach wie vor übergeordnete Wertvorstellungen und nicht der Markt und seine Mechanismen selbst im Fokus der antiken Ökonomik standen. Ein Ausläufer dieser Vorstellungen findet sich in der Idee des »Fairen Handels« und der »Fairen Preise«, die in der zweiten Hälfte des 20. Jahrhunderts entstand und erneut ethische Kategorien an den Markt heranträgt.

Bevor es aber zur Renaissance eines von Angebot und Nachfrage entkoppelten moralischen Preises kam, ist für das historisch an die Antike anschließende Mittelalter eine Rückentwicklung zur Naturalwirtschaft zu konstatieren. Erst allmählich erlangten die sich aus sakralen und imperialen Kontexten heraus konstituierenden Städte wachsende Bedeutung als Zentren des Handels. Kennzeichnendes Merkmal für die Reflexion über ökonomische Zusammenhänge in jener geschichtlichen Epoche ist die enge Verwobenheit wirtschaftlicher Sachverhalte mit dem System christlicher Werte und Tugenden, deren Grundstein in der Übernahme des Christentums als Staatsreligion in der ausgehenden Antike gelegt worden war. So manifestierte die Ordnungsbezogenheit des christlichen Denkens auch das Grundherrschaftsprinzip als Voraussetzung des agrarischen Wirtschaftens. Thomas von Aquin, einer der wirkmächtigsten Theologen des Mittelalters, setzte in seiner an Aristoteles geschulten Lehre des gerechten Preises das althergekommene Äquivalenzprinzip, das sich aus der ethischen Interpretation des »Alten« und des »Neuen Testaments« ableiten lässt, als Argument dafür ein, »Wucher« zu unterbinden. Auf diesen durch die Bibel gestützten Ansichten beruht das allgemeine Wucherverbot im Kirchenrecht. Getragen wird das kanonisierte Zinsverbot von Bedenken, die dem christlichen Solidaritätsgedanken entstammen und die christliche Gemeinschaft der individuellen Bereicherung gegenüberstellen.

Da sich die christliche Lehre nicht mit einer exponierten Wirtschaftstätigkeit vertrug, bekamen die von der christlichen

Gemeinschaft ausgegrenzten Gruppen, wie etwa die Juden, die gering geschätzten Tätigkeiten im Bereich des Geldwesens zugewiesen. Eine Neubewertung des Zinses setzte erst im Zusammenhang mit der Reformation ein, weil Geld nunmehr als Möglichkeit zum Kauf von Realwerten und im Rahmen der protestantischen Leistungsethik als positive Voraussetzung von Entwicklung angesehen wurde. Erste Emanzipationsschritte der Ökonomiebetrachtung aus dem Kosmos christlicher Weltinterpretation entfachten sich deshalb auch an Fragen nach dem Eigenwert des Geldes und der normativen Gerechtigkeit des Preises im Zeitalter der Renaissance, die in diesem Punkt also nur bedingt an das antike Erbe anknüpfte, vielmehr ein neues pragmatisch-rationalistisches Denken bevorzugte und den Markt zusehends in seiner Eigengesetzlichkeit wahrnahm.

Geht man mit Joseph A. Schumpeter davon aus, dass Philosophie und Praxis die beiden Wurzeln sind, die entscheidende Prägewirkung auf den Charakter einzelner Epochen der Dogmen- und Methodengeschichte der Ökonomie haben, so kann von Antike und Mittelalter behauptet werden, dass übergeordnete philosophische und theologische Sichtweisen die Praxis des Marktes bestimmten. Einen Umschwung zum Element der praktischen Klugheit des Wirtschaftens in Kombination mit theoretischer Reflexion vollzogen zuerst die so genannten »Merkantilisten«, insofern die Prachtentfaltung des absoluten Königtums und nicht mehr die Befolgung göttlicher Gebote an erster Stelle ökonomischen Handelns gesetzt wurde. Anhänger dieser den Markt säkularisierenden Richtung setzten sich zur Aufgabe, den nationalen Handel zu stärken, indem sie danach trachteten, neue Einnahmequellen für die herrschaftliche »Camera«, also für die Schatzkammer des Landesfürsten, zu erschließen. Deswegen ist für den Bereich des »Heiligen Römischen Reichs deutscher Nation« auch der Begriff ›Kameralismus‹. geläufig. Entsprechend nationaler Spielarten wurde dieses an der Erwirtschaftung von Handelsbilanzüberschüssen orientierte Marktmodell in England und den Niederlanden auch »Kommerzialismus« oder

»Bullionismus« genannt. Und in Frankreich bezeichnete man das namentlich vom lateinischen »mercari« (»erhandeln«) abgeleitete Wirtschaftssystem gemäß des maßgeblich an seiner Ausarbeitung beteiligten Protagonisten Jean-Baptiste Colbert als »Colbertismus«. Der Ursprung der praktischen Hinwendung zur Ökonomie ist somit in der absolutistischen Herrschaftsausübung der europäischen Hofhaltungen zu finden. Gerade der kostenintensive französische Hof entwickelte wegen der immensen Prachtentfaltung des Königtums im Barockzeitalter einen ungekannten Finanzbedarf. Zu dem Ansatz, Handelsbilanzüberschüsse und nationalen Wohlstand durch staatliche Handelspolitik zu generieren, traten außerdem protektionistische Maßnahmen zum Schutz des Binnenmarktes hinzu. Bekämpft wurden der Import von Fertigwaren und der Export von Rohstoffen. In dieser Komponente unterlag die Wirtschafts- und Handelspolitik des Merkantilismus der Annahme, der Markt sei ein Nullsummenspiel. Mit der Anhäufung von Gold und Silbervorräten sowie durch den Zuzug von Arbeitskräften sollte der Bedarf monarchistischer Repräsentation finanziert werden.

Trugen Humanismus und Renaissance am Übergang zur Moderne wesentlich zur Geburt des Individuums und zur Neuvermessung des Kosmos bei, so lässt sich dies auch für die Vorstellungen vom Markt behaupten. Insbesondere in naturbezogenen Erklärungsansätzen, die Handelsbeziehungen dem Lauf der Planeten oder dem menschlichen Kreislauf zu vergleichen, finden sich analoge Fokussierungen ökonomischer Theoriebildung auf die Natur der Dinge und die Natur des Menschen, die im Rahmen der Vorherrschaft des absolutistischen Staates und dessen Wirtschafts- und Bevölkerungspolitik zu sehen sind.

Die ökonomische Analyse der Gruppe der so genannten »Physiokraten«, die von der voraussetzungslosen Herrschaft der Natur ausgehen, basiert auf den Vorstellungen einer natürlichen Ordnung. Deshalb versuchten sich die Vertreter dieser Richtung daran, mittels Analogiebildung naturhafte Gesetzmäßigkeiten des Marktes zu ergründen. Da den »Physiokraten« die Natur als Bezugspunkt der Argumentation diente, wird auch erklärlich, warum sie davon ausgingen, Wertschöpfung finde hauptsächlich in der Landwirtschaft statt. Nur sie vermehre den Güterbestand. Handwerk und Manufakturen hingegen seien nicht in den Prozess natürlicher Wertschöpfung eingebunden, weil sie bereits vorhandene Grundstoffe nur umarbeiteten, aber nicht neu kreierten. In diesem um eine Erklärung wirtschaftlicher Abläufe bemühten Umfeld entstand die Selbstbezeichnung der »Physiokraten« als »l'economists«.

Ohnehin fand zu jener Zeit in Frankreich, wo der Mittelbedarf des absolutistischen Hofstaates am größten war, aus praktischen Erwägungen heraus die differenzierteste Beschäftigung mit ökonomischen Themen statt. Eine Vorreiterrolle bei der Herausbildung eines eigenständigen ökonomischen Denkens am französischen Hof nahm François Quesnay ein. Der Leibarzt Ludwig des XV. (1710 bis 1774) sowie der Madame de Pompadour (1721 bis 1764) entwickelte mit seinem kreislauftheoretisch fundierten »tableau économique« 1758 ein Dreisektorenmodell, das grob betrachtet als Vorläufer der volkswirtschaftlichen Gesamtrechnung gelten kann und in der Steuerlehre und bezüglich der Minderung und Reform der Staatseinnahmen gewisse protoliberale Auffassungen aufweist. Doch basiert das »tableau« noch auf dem ihm zugrunde liegenden ständisch-absolutistischen System und beabsichtigt gemäß den Ansichten der »Physiokraten« die Förderung der landwirtschaftlichen Produktion. Dem Arzt Quesnay diente wohl, wenngleich dies nicht ausdrücklich belegt ist, der 130 Jahre zuvor von William Harvey (1578 bis 1657) entdeckte Blutkreislauf als biologisch-naturwissenschaftliches Muster seiner Beschreibungen der Grundlagen der Volkswirtschaft. Analog zur Bildlichkeit des blutdurchströmten Körpers geht er von Güter- und Einkommensströmen aus, die im nationalwirtschaftlichen Kreislauf hin- und herfließen. Andere Interpreten haben auf die Nähe der Quesnaischen Darstellung zur Funktionsweise mechanischer Pendeluhren hingewiesen. Als weitere Vorläufer auf dem Weg zu einem klassischen Denken über den Markt dürfen Jaques Turgot (1727 bis 1781) und der Marquis de Mirabeau (1715 bis 1789) gelten.

Entscheidend für das nachabsolutistische Sinnieren über den Markt war fortan jedoch nicht mehr der auf dem System des Merkantilismus beruhende französische »Physiokratismus«. Die in England einsetzende Frühphase der »Industriellen Revolution« brachte neue Erkenntnisse mit sich, die als individualistische Reaktion auf den am Nationalstaatskollektiv orientierten Merkantilismus verstanden werden können. Adam Smith, Gelehrter und Professor für Moralphilosophie in Glasgow, gilt als Begründer der klassischen Nationalökonomie und der modernen Marktbetrachtung, der die Norm- und Wertvorstellungen des Individualismus und die freie Entfaltung des Menschen zu Postulaten der Staats- und Gesellschaftsauffassung des Liberalismus erhob. In seiner berühmt gewordenen, im Jahr der amerikanischen Unabhängigkeitserklärung erstmalig veröffentlichten Schrift geht er der Frage nach dem »Wohlstand der Nationen« auf den Grund und erkennt im Eigeninteresse der Marktakteure den Impuls wirtschaftlichen Handelns. Nicht die gegenseitige Bezüglichkeit der Gemeinschaft, sondern der Eigennutz der Individuen gilt ihm als Garant des größten Wohlstandes.

> »Der einzelne ist stets darauf bedacht, herauszufinden, wo er sein Kapital, über das er Verfügen kann, so vorteilhaft wie nur irgend möglich einsetzen kann. Und tatsächlich hat er dabei den eigenen Vorteil im Auge und nicht etwa den der Volkswirtschaft. Aber gerade das Streben nach seinem eigenen Vorteil ist es, das ihn ganz von selbst oder vielmehr notwendigerweise dazu führt, sein Kapital dort einzusetzen, wo es auch dem ganzen Land den größten Nutzen bringt«[27],

ist in der fünften Auflage seiner Schrift zu lesen, die letzter Hand im Epochenjahr 1789 erschien und auch für das wirtschaftspolitische Denken einen revolutionären Umschwung signalisierte.

Aus jener induktiven, auf das einzelne Individuum als Ausgangspunkt wirtschaftlichen Handelns bezogenen Sichtweise des schottischen Ökonomen ergibt sich die Schlussfolgerung, dass sich der Staat aus dem Wirtschaftszusammenhang möglichst heraushalten solle. Nur in drei Situationen (nach innen, nach außen und intermediär) habe der Staat erstens die Gemeinschaft gegen externe Angriffe zu schützen, zweitens im Inneren für Recht und Ordnung zu sorgen und drittens ein ausreichendes Angebot allgemeinwohlrelevanter Leistungen zu gewährleisten, die von privaten Marktteilnehmern nicht kostendeckend angeboten werden können.

Fundament hat das marktliberale Denken Adam Smiths in einem positiven Menschenbild sowie in der von Zukunftsoptimismus und einem inhärenten Harmonieprinzip getragenen Vorstellung der »unsichtbaren Hand«, die die Koordinierung der Preisbildung im Marktgeschehen durch den Eigennutz der Individuen ohne äußere Eingriffe regele. Hierin ist eine gewisse Nähe zu physiokratischem Denken erkenntlich, da die Idee einer »unsichtbaren Hand« ebenfalls von naturgegebenen Rahmenbedingungen und Setzungen ausgeht. Smiths zentrales »Naturprinzip« ist die wirtschaftliche Freiheit des Marktes, die dieser zum optimalen Funktionieren braucht.

An der Konkretisierung der grundlegenden Ansichten Smiths wirkten ganze Ökonomengenerationen, indem sie sich mit zahlreichen Fragestellungen der Wirtschaftspraxis beschäftigten. Thomas Robert Malthus (1766 bis 1834), der sich insbesondere mit Fragen der Bevölkerungsentwicklung und dem sich verändernden Verhältnis von Mensch zu Ressourcen sowie der sich daraus ergebenden Nahrungsmittelknappheit auseinandersetzte, ist einer dieser späterhin unter dem Namen der ökonomischen Klassik versammelten Theoretiker. In seinem »Essay on Population« versucht Malthus im Kontext von Verbesserungen im Gesundheits- und Hygienewesen beispielsweise der Frage nach dem dynamischen Bevölkerungswachstum, dessen Lenkung und Konsequenzen nachzugehen. Ein weiterer Vertreter der durch marktpraktische Erfahrungen geprägten Klassik ist der Börsenmakler David Ricardo (1772 bis 1823). Ricardo, der durch seine Tätigkeit täglich intensiv mit der Marktwirtschaft befasst war, stellte die Verteilungsfrage ins Zentrum seiner Überlegungen und entwickelte aus seinen empirischen Beobachtungen die Theorie der komparativen Kosten, was grundlegend für die Erklärung außenhandelspolitischer Zusammenhänge war.

Entscheidende Einsichten in die Funktionsweise des Marktes sowie einen weiteren Popularisierungsschub ökonomischer Reflexion verantwortet der Franzose Jean Baptiste Say. Er kritisierte die negativen Folgen von übermäßigem Regierungshandeln für den Markt. Auf einer Reise in Großbritannien war er auf die kuriosen Auswirkungen der damals neu eingeführten Fenstersteuer aufmerksam geworden. Nicht nur von diesem jedermann einsichtigen Beispiel ausgehend leistete er sozusagen einen wesentlichen Beitrag zur Erhellung ökonomischer Zusammenhänge. Als er, um diese Anekdote auszuführen, auf einer Reise durch England in einer Pension logierte, bemerkte er, wie Handwerker die Fenster zumauerten. Nachdem er sich nach den Ursachen dafür erkundigt hatte, erfuhr er, dass der Besitzer des Gebäudes dadurch die von der Regierung als Substitution der Herdsteuer erhobene Fenstersteuer einsparen wollte. Dieser aus volkswirtschaftlicher Sicht sinnlose Vorgang galt ihm fortan als Beweis dafür, dass sich eine überbordende Steuerbelastung negativ auf das Gemeinwohl auswirke. Bleibende Anerkennung im Rahmen der klassischen Ökonomie brachten Say allerdings zwei nach ihm benannte Theoreme ein. Das eine, in unserem Zusammenhang bereits erwähnte Theorem, geht vom allgemeinen Gleichgewichtsprinzip der Märkte aus und besagt, dass sich Angebot und Nachfrage von Angebotsseite her austarieren. Das zweite Theorem ist auf die von Angebot und Nachfrage gebildeten Preise bezogen und geht davon aus, dass die volle Flexibilität von Preisen, Löhnen und Zinsen zum Gleichgewichtszustand des Marktes beiträgt und überdies Vollbeschäftigung gewährleistet.

Eingang fanden die klassischen Lehren in das integrierende und systematisierende Werk des britischen Philosophen und Ökonomen John Stuart Mill (1806 bis 1879), das auch in seinem methodischen Vorgehen Einfluss auf die volkswirtschaftliche Theoriebildung ausübte. Um 1870 war somit, wie dies auch Karl Marx als kritischer Beobachter des ökonomischen Zeitgeschehens konstatierte, die Periode der Klassik abgeschlossen und lag mit John Stuart Mills Werk über »Die Prinzipien der politischen Ökonomie« eine zahlreiche klassische Autoren integrierende Sammlung jener Argumentationsrichtung vor. Den Übergang zur Neoklassik markiert die so genannte »Marginalistische Revolution«, die insbesondere in Fragen des Grenznutzens und der Grenzkosten die Wende von der objektiven zur subjektiven Wertlehre einschlug und sich hauptsächlich am Allokationsproblem abarbeitete.

Mit dem Übergang zur Neoklassik waren die Grundzüge des angebotsorientierten Paradigmas fixiert. Deshalb sei, um an dieser Stelle die Theoriegeschichte des angebotsorientierten Marktmodells für den hier angestrebten Zweck einer Grundlegung zu beschließen, eine knappe systematisierende Darstellung jenes Interpretationsmusters erlaubt, bevor der Gang der Genealogie zum historisch später entwickelten nachfrageorientierten Marktmodell, das explizit als Alternative zum vorhergehenden Paradigma entstand, und zu dessen historischem Kontext weiter schreitet.

Das in seiner historisch-systematischen Genese ältere angebotsorientierten Modell orientiert sich an der Normalität des Marktes und peilt die Aufrechterhaltung eines immanenten Gleichgewichtszustandes an. Vertrauen in die Selbständigkeit, das automatische Gleichgewicht und die Stabilität des Marktes, nicht Ausnahmezustand, Krise und Ungleichgewicht, sind Ausgangspunkte dieser Betrachtungsweise, die die Existenz eines rational agierenden »homo oeconomicus« als individuellen Akteur voraussetzt. Diesem idealtypischerweise rein aus ökonomischen Motiven handelnden Menschen wird die Kompetenz einer rationalen Entscheidungsfindung und eines widerspruchsfreien Zielsystems, nämlich der Nutzen- und Gewinnmaximierung, zugeschrieben, die sich entweder durch größtmöglichen Erfolg oder geringstmöglichen Aufwand umsetzen lassen. Ein weiteres Axiom, das zu diesem positiven und vom Rationalismus geprägten Menschenbild hinzutritt, ist die Annahme, es herrsche absolute Markttransparenz, wodurch eine vollständige Abschätzung der Handlungskonsequenzen möglich sei. Bei diesen Rahmenbedingungen führe die von Adam Smith als marktinhärente Funktionslogik entdeckte »unsichtbare Hand« zu optimalen Verteilungsergebnissen zum Wohle aller Marktteilnehmer und zur Ermittlung des optimalen Preises durch das freie Aufeinandertreffen von Angebot und Nachfrage.

Insofern von der Existenz des »homo oeconomicus« ausgegangen wird, kommt bei voller Auslastung der Produktion, der Konsumtion und der Arbeit das durch die Individuen verbürgte Gemeinwohl am besten zum Tragen. Dies wurzelt in dem anthropologischen Grundverständnis des bereits erwähnten positiven Menschenbildes, dem ein negatives Staatsbild korreliert. Das Vertrauen in das so genannte »freie Spiel der Kräfte« und die Enthaltung von exogenen Eingriffen sind Strategien, die sich daraus ergeben. Eine weitere Annahme ist, dass Arbeitslosigkeit an einem idealen Markt eigentlich nicht vorhanden ist, sondern aus einer Störung im Bedingungsgefüge der Marktwirtschaft hervorgehe und durch Lohnflexibilität aufgefangen werden könne. Hierbei ist jedoch nicht berücksichtigt, dass die Verteilung der Einkommen zumeist der erwirtschafteten Produktion hinterherhinkt. Gefordert wird von angebotsorientierten Strategien deshalb über eine restriktive Geld- und Kreditpolitik hinaus die Entlastung von Kosten für Unternehmen durch etwa Steuersenkungen und Entregulierungsmaßnahmen sowie die Kürzung der Staatsausgaben, insbesondere das Zurückdrängen des Staates aus dem Markt zur Verbesserung der Bedingungen unternehmerischen Handelns.

In zeitlicher Folge später als die Überzeugungen angebotsorientierten Marktwirtschaftens ist das nachfrageorientierte Modell entstanden, das eng mit dem Namen des englischen Ökonomen John Maynard Keynes verbunden ist und deshalb häufig auch als »Keynesianismus« bezeichnet wird. Ausgangspunkt für den Keynesianismus stellt nicht der Normal- oder Gleichgewichtszustand dar, sondern die Krise und das Misstrauen gegenüber der Autonomie des Marktes. In historisch enger Verknüpfung mit der nachfrageorientierten Marktsicht stehen die Erfahrungen des Börsencrashs des Jahres 1929, als am späterhin so genannten »Schwarzen Donnerstag bzw. Freitag«, weltweit die Börsen starke Kursverluste zu verzeichnen hatten und nach geeigneten Auswegen aus der Weltwirtschaftskrise gesucht wurde. Durch seine beratende Tätigkeit im Umfeld der britischen Regierung trug Keynes wesentlich dazu bei, eine gemischte Wirtschaft aus Markt und Staat zu implementieren.

In Kritik an einer auf politischer Enthaltsamkeit ausgerichteten Klassik vertreten Anhänger des Keynesianismus' – gemäß dem Motto: »in Krisenzeiten nicht kleckern, sondern klotzen« – eine expansive Wirtschafts- und Finanzpolitik. Dargelegt hat Keynes seine Ansichten vor allem in der bereits erwähnten »General Theory of Employment, Interest and Money« (1936). Die Höhe der Gesamtaktivität einer Volkswirtschaft erachtet er als abhängig von der Bereitschaft der Unternehmer zu Kapitalinvestitionen. Unter gegebenen Umständen könne die Investitionsbereitschaft vermindert sein und es müssten zur Überbrückung von Krisensituationen seitens des Staates Investitionsleistungen übernommen werden. Staatsausgaben werden in dieser Perspektive also als wirtschaftspolitische Maßnahme zur Stützung des Marktes getätigt. Durch das kreditfinanzierte Bereitstellen von Geld zur Belebung der Wirtschaftstätigkeit, das als »deficit spending« bezeichnet wird, sollen kurzfristige Krisenerscheinungen überbrückt werden. Denn nicht jedes Angebot, wie dies vom Sayschen Theorem besagt werde, schaffe sich selbst seine Nachfrage, weshalb dem Staat eine lenkende Funktion zukomme. Gerade dann, wenn am Markt erwirtschaftete Erträge nicht reinvestiert würden, entstehe eine Liquiditätsfalle. Das gewinnabschöpfende Horten von Geld fördere einen Nachfrageausfall, da dem Wirtschaftskreislauf dadurch das Austauschmedium zwischen Angebot und Nachfrage entzogen sei. In einer Kettenreaktion gehe durch die mangelnde Nachfrage die Produktion zurück, was wiederum weniger Arbeit, weniger Konsum, weniger Investitionen und somit im Resultat eine Wirtschaftskrise zur Folge habe. Da die Löhne aber nicht – wie von der Klassik angenommen – absolut flexibel seien, sei das bei der angebotsorientierten Strategie von der vollen Preisflexibilität abhängende Kriterium der Vollbeschäftigung durch eine Anpassung der Löhne nur bedingt möglich. Genau an dieser Stelle habe der Staat regulierend einzugreifen.

Die hier skizzierte, auf Umverteilung gerichtete Argumentation wird deduktiv vom Gemeinwohl her gedacht. Das von der Klassik vertretene Individualwohl sei durch politische Eingriffe in einen das Gemeinwohl fördernden Rahmen zu lenken. Mit Interventionen des Staates solle in wirtschaftlichen Krisenzeiten eine Stabilisierung des Wachstums durch politische Maßnahmen, beispielsweise Konjunkturprogramme, hergestellt und das Versagen des Marktes dadurch politisch behoben werden. In historischer Perspektive führte dieses Handeln zur Expansion der Staatsausgaben. Da die staatlich gelenkte Umverteilung in Richtung Verbrauch nicht über Steuern, sondern über Kredite umgesetzt werden soll, hängt die Rückzahlung nach dem Aufschwung vom politischen Willen der Akteure ab, die allerdings unter dem Druck von Wahlen in seltensten Fällen die Kredite wieder tilgen. Somit trug die nachfrageorientierte Strategie in ihrer historischen Implementierung zu einer massiven Anhäufung der Staatsschulden bei.

Wesentlich für das nachfrageorientierte Marktverständnis ist die Fokussierung auf das Primat der Politik und die Idee der »Globalsteuerung«. Staat und Politik haben ihr zufolge die natürliche Gleichheit des Menschen durch hinreichende soziale Gleichheitsmaßnahmen zu schützen. Deshalb beabsichtigt der in seiner Tendenz sozialreformerisch gesinnte Keynesianismus in seinem antizyklischen Ansatz eine nivellierende Korrektur der Verhältnisse. Getragen wird er von eher pessimistischen Zukunftserwartungen und einem positiven Staatsbild, das einen aktiven Staat als Garant für solidarisches Handeln sieht. Der Steuerbarkeitsoptimismus beruht auf der Vorstellung von der Leistungsfähigkeit des politischen Systems.

Nahezu zeitgleich zum Keynesianismus entfalteten sich, um die knappe Schau über die beiden wesentlichen rationalisierungsstrategischen Ansätze in der Genealogie des Marktes zu beenden, die Vorstellungen der »Monetaristen«, die ihr Gedankengut ebenso aus der Reflektion über die Ursachen der Weltwirtschaftskrise schöpfen. Vertreter dieser Richtung gehen davon aus, dass eine verfehlte Geldmengenpolitik die Weltwirtschaftskrise ausgelöst habe. Anders als die Keynesianisten setzen sie deshalb nicht auf den Staat und inflationäre Geldmengenvermehrung, sondern auf eine unabhängige Zentralbank mit einer rigide an der Preisstabilität orientierten Geldpolitik. Diese soll in ihrer Unabhängigkeit für einen Gleichklang zwischen Wirtschaftstätigkeit und Geldmenge sorgen. Nicht »marktbeeinflussende« Interventionen, wie sie Keynes vorschlägt, sondern einer von tagespolitischen Einflüssen abgeschirmten »Politik der ruhigen Hand« reden die Monetaristen das Wort. In der Konzentration auf die Geldpolitik liegt sowohl Verdienst als auch Beschränkung dieses Ansatzes verborgen: Einerseits wird der vornehmlich als Geldmarkt begriffene Markt von politischen Einflüssen von außen abgeschottet und auf die negative Wirkung inflationärer Geldpolitik verwiesen, andererseits wird aber auch die Rolle des Geldes in diesem Kontext zur nahezu alleinigen Erklärungsvariable erhoben.

Ein neuerer, hingegen auf keynesianistischen Überzeugungen basierender Argumentationsstrang ist die Idee eines qualitativen Wachstums, das auf weniger Produktion zu höheren Preisen oder auf die Berücksichtigung marktexogener Kriterien, wie Nachhaltigkeit und ökologische Verträglichkeit, beruht. Diese interventionistischen Vorstellungen sind inhaltlich konträr zu einer insgesamt eher auf das Nichteingreifen ausgerichteten Politik der »ruhigen Hand«. In diesem Rahme sollen sie als eine der vielen weiteren Rationalisierungsstrategien des Marktes genauso wenig vorgestellt werden wie, um damit zum Schluss überzuleiten, nicht mehr ausführlicher auf den Monetarismus, die Neoklassik, die Historische Schule, die Österreichische Schule, den Neoliberalismus oder die

Marxsche Fundamentalkritik an Marktwirtschaft und Kapitalismus eingegangen werden soll, da es sich bei ihnen, mit Ausnahme letzterer, im Kern um jeweils zeithistorische Adaptionen der Grundideen eines entweder angebots- oder nachfrageorientierten Marktverständnisses handelt.

Schluss

Im Gang der Darstellung erwiesen sich die Ambivalenzen und das besondere Gepräge des Marktes, wie sie sich aus seinem jeweiligen historischen Kontext erhellten. Auch wurde schlaglichtartig beleuchtet, wie sich der Gesamtcharakter der soziokulturellen Gegebenheit »Markt« aus unterschiedlichen Genealogieerzählungen speist. Schon seitens der antiken Mythologie wurde das Spannungsverhältnis von Angebot und Nachfrage als zentraler Mechanismus thematisiert und auf vielzählige Eigenheiten verwiesen, die sich in der historischen Genealogie je nach Kontext und zivilisatorischem Entwicklungsstand um diesen Kernbestand herum gelagert haben. Ein weiterer, damit interferierender zentraler Aspekt ist das von Schumpeter treffend beschriebene Phänomen der »schöpferischen Zerstörung«. Dieser ambivalente Prozess geht mit der Ausweitung des Marktes im Rahmen der Eroberung der Welt und der allgemeinen Suche nach Glück und Wohlstand einher. Er zog zahlreiche Fort- und Rückschritte nach sich, wobei im Rahmen einer Gesamtgenealogie des Marktes wohl von überwiegend geglückten zivilisatorischen Effekten gesprochen werden kann. Eng miteinander verknüpft sind hierbei Innovations- und Zivilisationsdynamiken. Zivilisatorischer Wandel entsteht, um sprichwörtlich zusammenzufassen, durch Markt und Handel. Aus heutiger Sicht ist deshalb, alles in allem, eine friedensstiftende und kulturvergewissernde zivilisatorische Funktion der Marktwirtschaft zu konstatieren. Als Paradebeispiel aus der jüngeren Vergangenheit kann hierfür die Entstehung der »Europäischen Union« und des »Europäischen Binnenmarktes« als größtes marktbasiertes Projekt der Nachkriegszeit angeführt werden. Die im Sommer 2011 diskutierte Einführung einer »Europäischen Wirtschaftsregierung« wäre ein weiterer Schritt in diese Richtung.

Über gemeinschaftliche Infrastrukturmaßnahmen und die Ausweitung des Marktes besteht die Möglichkeit des Vorurteile abbauenden interkulturellen Kontaktes – nicht erst seit der EU, sondern für unseren Untersuchungszeitraum angefangen mit den zivilisatorischen Leistungen der Griechen und Römer, über die Handelswege der Hanse, die Entdeckung der »Neuen Welt« durch die Umsegelung des Erdballs, die darauf folgende Gründung von überseeischen Handelskompanien, den Zusammenschluss zu Welthandelsbünden, Marktgemeinschaften, Zollvereinen oder Binnenmarktgebieten, Welthandelsorganisationen und dergleichen auf Verträgen und friedlichen Absprachen basierenden Zusammenschlüssen mehr. Selbstverständlich nicht ausgeblendet bleiben sollen die Rückschritte in Unkultur, Sklaverei und Barbarei.

Der bereits vom Mythos konstatierten Rastlosigkeit des Hermes entsprechen aktuell beispielsweise die Rastlosigkeit des Finanz- und Aktienmarktes und die Innovationsgeschwindigkeit in der Computerbranche. Besonders gewinnsüchtige und moralisch rücksichtslose Akteure am Finanzmarkt werden – bezeichnenderweise auf die Bildlichkeit einer unseren kulturellen Kontext entscheidend prägenden Genealogieerzählung zurückgreifend – mit biblischen Anspielungen als »Heuschrecken« bezeichnet und mit dem Ruch des Hermes, »Herren der Diebe« zu sein, belegt. Beispielsweise hat Elmar Altvater (*1938) in einem 2009 mit Raul Zelik (*1968) geführten Gespräch folgende, am antiken Mythos geschulte Sichtweise des Marktwirtschaft zum Besten gegeben:

> »Nicht die Tugend, sondern das lasterhafte, das ›schweinische‹ Verhalten hält den ökonomischen Kreislauf in Gang und steigert so den ›Wohlstand der Nationen‹. Wo es keine Schlösser gibt, braucht man keinen Schlosser, und wo es keinen Schlosser braucht, gibt es keine Arbeit. Anders ausgedrückt: Das Verbrechen ist nötig, damit diese Wirtschaft weiterläuft.«[28]

So kann auch die gegenwartsaktuelle Wahrnehmung des Marktes reichhaltig aus dem Reservoir der Tradition schöpfen. Solche über lange Zeiten im kollektiven Gedächtnis tradierten kulturellen Zuschreibungen gehen weit über die reine Eigenlogik des Marktes als Aufeinandertreffen von Angebot und Nachfrage zur Ermittlung des Preises in einem rationalen, von äußeren Einflüssen unabhängigen gesellschaftlichen Teilsystem hinaus. Sie verweisen vielmehr auf langlebige Deutungsmuster, wie etwa auf die Vorbehalte antiker und christlich-abendländischer Denker gegenüber einem zweckfreien, von der Gesellschaft abgekoppelten Agieren am Markt, wie sie in den mittelalterlichen Wucherverboten zum Ausdruck kamen oder noch heute im Postulat der Sozialpflichtigkeit des Eigentums normative Leitsätze moderner Gesellschaftsformationen sind. Das Streben des Individuums nach Glück und Wohlstand, das ebenso antik-mythologische wie christlich-abendländische Wurzeln hat, widersetzt sich nach wie vor einer kompletten Rationalisierung und Säkularisierung. Vielmehr hat sich die Suche nach innerweltlichem Erfolg, etwa in Gestalt des so genannten »american dreams«, als konstitutiv für ganze Staats- und Gesellschaftsbildungsprozesse erwiesen.

Die Entdeckung der »Wunder der Erde« und der bereits von Adam Smith benannte »unstillbare Hunger nach Gold« haben sich trotz zahlreicher Rationalisierungsversuche als Movens von Wachstum und Fortschritt bewahrt. Zwar führte der systematische Versuch, den individuellen und staatlichen Reichtum zu mehren, zu zahlreichen Miseren und trug über lange Frist auch zur verwissenschaftlichenden Entzauberung der Welt bei. Doch gerade angesichts dieser vorderhand rationalistischen Folie und der keinesfalls zu bestreitenden negativen Auswüchse des Marktes war es ein Anliegen dieses Essays, darauf zu verweisen, dass die noch heute im gesellschaftlichen Streit mit- und gegeneinander konfligierenden Paradigmen der angebotsorientierten Klassik und des nachfrageorientierten Keynesianismus nicht voraussetzungslos sind, sondern auf bestimmte Welt- und Menschenbilder gestützt argumentieren. Letztlich kreisen sie um die philosophische Frage nach dem rechten und guten Leben. Sie fragen danach, ob der Einzelne oder das Kollektiv Urheber von Glück und Wohlstand sein soll. Und dass Freud und Leid oftmals dicht beieinander liegen, muss wohl nicht noch ausdrücklicher betont werden: Veranlasst durch Krisen des marktwirtschaftlichen Handelns, welche zeitweilig durch solidarprotektionistische Maßnahmen abgefedert werden konnten und stets noch eine wichtige Legitimationsressource für die »Soziale Marktwirtschaft« darstellen, entstanden entgegenstehende Steuerungsentwürfe auf der wissenschaftlich-systematischen Suche nach dem allgemeinen Wohl. Zunächst waren die auf diesem holprigen Weg beschrittenen historischen Krisen eher exogener Natur, späterhin tendenziell eher marktinduziert. Auch hat sich die Reichweite des marktwirtschaftlichen Handelns vom lokalen Rahmen des hausväterlichen »Oikos« auf den globalen Kontext der internationalen Ökonomie ausgeweitet und sich dabei zudem noch die Innovationsgeschwindigkeit rasant erhöht. Gleichfalls erlebte dabei die eine oder andere Richtung der Marktinterpretation, in Form verschiedener Nachfahren des Hermes oder des Apollon, ihre jeweiligen Konjunkturen. Und auch gegenwärtig sind die für die Genealogie des Marktes mitentscheidenden Fragen nach dem Primat von Staat und Politik oder der Ökonomie sowie nach der Ausrichtung des Wirtschaftens auf das Individuum oder auf die Gemeinschaft wieder neu erwachsen. Insbesondere in der aktuellen Diskussion um den qualitativen Wachstumsbegriff der umweltbezogenen Postmoderne, der den quantitativen Wachstums- und Fortschrittsbegriff der industriellen Moderne abgelöst zu haben scheint, ist dies zu beobachten; oder ganz aktuell auch in der Diskussion um Staatseingriffe zur Bankenrettung und zur Stabilisierung von Mitgliedsstaaten der »Europäischen Union«. Die Frage nach dem Primat und der Verantwortlichkeit der Wirtschaft oder der Politik und die in diesem Zusammenhang auf dem Markt der Meinungen feilgebotenen Lösungsvorschläge bilden das gesamte Spektrum angebots- und nachfrageorientierter Marktverständnisse ab und werden sicherlich auch weiterhin die gesellschaftliche Debatte prägen. Umso wichtiger ist deshalb, die von beiden Seiten vorgebrachten Argumente aus ihrer Genealogie heraus verstehen und dadurch einen eigenen Standpunk gewinnen zu können. Hierzu wollte dieser Essay einen kulturgeschichtlichen Beitrag leisten.

Um zum Ende zu kommen und abschließend zu resümieren: Im Laufe seiner Geschichte hat der Markt stets weiter räumlich, dann auch ideell um sich gegriffen und sich in die Gesellschaft als unverzichtbarer Bestandteil integriert. War er zunächst ortsgebunden, hat er sich zusehends dieser Beschränkung enthoben. Der Platz für den Markt, der zu Frühzeiten der Menschheit noch außerhalb der Gemeinschaft angesiedelt war, befand sich spätestens mit Antike und Mittelalter auch räumlich im Zentrum des Geschehens und vollzog sich nicht mehr als »silent trade«, sondern als lärmender Jahrmarkt.

Trotz des im Lauf der Zeit fortschreitenden Säkularisierungsprozesses, dem ein Prozess der Rationalisierung und Verwissenschaftlichung korreliert, ist die Auseinandersetzung mit dem Markt und seinen gesellschaftlichen Auswirkungen nicht gefeit vor Rückfällen in vorrationales und vorsäkulares Denken. Insbesondere in der Rückbesinnung auf den religiösen Ursprungscharakter des Marktes wurde die Aufmerksamkeit vom rationalen »homo oeconomicus« auf den emotionalen »homo religiosus« gelenkt. Wie am Beispiel des »silent trade« gezeigt werden sollte, könnte der Ursprung der Ökonomie aus der Religion ein entscheidender Weg der Genealogie des Marktes gewesen sein und würde die »Glaubenskämpfe« zwischen den verschiedenen Interpretationsrichtungen einsichtiger machen. Auch der Wechsel der Position von Religion und Markt im Wandel von Öffentlichkeit und Privatheit, wie die »Freiburger Schule«, vor allem Rüstow und Röpke, und Tawney dies vertraten, ist eine genealogische Erklärungsmöglichkeit, wie auch in der zeitlichen Parallelität von Ökonomie und Religion als Ausfluss der innerweltlichen Heilstrategie der protestantisch-calvinistischen Religionsrichtung in Nachfolge Max Webers ein breit rezipiertes Genealogiemodell zu sehen ist.

Über die im Rahmen der Darstellung gestreiften rationalisierungsstrategischen, religiösen, historischen und mythologischen Aspekte hinaus wird durch die Rückbesinnung auf die verschiedenen Genealogienerzählungen deutlich, dass die Verankerung des Marktes in der Gesellschaft nach wie vor von großer Bedeutung ist. Im Sinne eines Plädoyers für eine gesellschaftliche »Re-Habilitierung« des Marktes sollte hier in Anlehnung an das, was die »Freiburger Schule« ex negativo unter der Soziologieblindheit der Ökonomie gefasst hat, darauf hingewiesen werden, dass der Markt, wie beispielsweise schon in »Zedlers Universal-Lexikon« beschrieben und von den Vertretern der Ordnungslehre ebenfalls vehement gefordert, stets eindeutiger Kriterien und eines ordnenden Impulses bedarf. Keinesfalls kann er isoliert betrachtet werden. Denn nur wenn der Markt auf im gesellschaftspolitischen Diskurs gewonnene verlässliche Rahmenbedingungen zurückgreifen kann, kann er – unter anderem auch durch einsichtige Sprache und Bildlichkeit vermittelt – aus seiner »hermetischen Verengung« herausgelöst und als integrativer Bestandteil der Gesellschaft – und nicht als nur Fachwissenschaftlern einsichtiges Spezialgebiet – wahrgenommen werden. Dieser Anspruch sollte die Grundlage einer allgemeinverbindlichen ethischen Reflexion aller Markakteure sein, und zwar ausgehend vom Nachdenken über das eigene ökonomische Handeln, kulminierend in der gesellschaftlichen Verantwortung des Individuums für eine soziale Marktwirtschaft.

Literatur

Abel, Wilhelm: Massenarmut und Hungerkrisen im vorindustriellen Deutschland, Göttingen, 3. Auflage, 1986.

Abelshauser, Werner: Deutsche Wirtschaftsgeschichte von 1945 bis zur Gegenwart, München, 2. Auflage, 2011 (Beck'sche Reihe 1587).

Abolafia, Mitchel: Markets as Cultures. An Ethnographic Approach, in: Callon, Michel (Hg.): The Laws of the Markets, Oxford 1998, 69-85.

Aristoteles: Nikomachische Ethik. Übersetzt und herausgegeben von Ursula Wolf, Reinbek bei Hamburg, 3. Auflage, 2011 (Rowohlts Enzyklopädie 55651).

Arnold, Heinz Ludwig/Detering, Heinrich (Hg.): Grundzüge der Literaturwissenschaft, München 1996.

Arnoldi, Jakob: Introduction: The Richness of Markets, in: Theory, Culture and Society 24 (2007) Heft 7-8, 91-96.

Aspers, Patrick/Beckert, Jens: Art. »Märkte«, in: Mauer, Andrea (Hg.): Handbuch der Wirtschaftssoziologie, Wiesbaden 2008, 225-246.

Authers, John: The Fearful Rise of Markets. A Short View of Global Bubbles and Synchronized Meltdowns, Harlow 2010.

Baudy, Gerhard/Ley, Anne: Art. »Hermes«, in: Der Neue Pauly, Brill 2010, Brill online. Universitätsbibliothek Heidelberg [http://www.brillonline.nl.ubproxy.ub-uni-heidelberg.de/subscriber/entry?entraodnp_e510080] (Stand: 6.8.2010).

Beckert, Jens: Die soziale Ordnung von Märkten, in: ders./Diaz-Bone, Rainer/Ganßmann, Heiner (Hg.): Märkte als soziale Strukturen. Mit einem Vorwort von Richard Swedberg, Frankfurt am Main 2007, 43-62 (Campus: Theorie und Gesellschaft 63).

Beckert, Jens: Vertrauen und die performative Konstruktion von Märkten, in: Zeitschrift für Soziologie 31 (2002), 27-43.

Benedikt XVI.: Enzyklika caritas in veritate an die Bischöfe, an die Priester und Diakone, an die Personen gottgeweihten Lebens, an die christgläubigen Laien und an alle Menschen guten Willens über die ganzheitliche Entwicklung des Menschen in der Liebe und in der Wahrheit, Rom 2009 [http://www.vatican.va/holy_

father/benedict_xvi/encyclicals/documents/hf_ben-xvi_enc_20090629_caritas-in-veritate_ge.html] (Stand: 31.5.2011).

Berend, Ivan T.: Markt und Wirtschaft. Ökonomische Ordnungen und wirtschaftliche Entwicklung in Europa seit dem 18. Jahrhundert, Göttingen 2007 (Vandenhoek & Ruprecht: Synthesen. Probleme europäischer Geschichte 4).

Binswanger, Hans Christoph: Die Glaubensgemeinschaft der Ökonomen, in: ders.: Die Glaubensgemeinschaft der Ökonomen, München 1998, 47-64.

Binswanger, Hans Christoph: Geld und Magie. Eine ökonomische Deutung von Goethes Faust, Hamburg, 5. Auflage, 2010.

Bluhm, Harald/Malowitz, Karsten: Märkte denken. Ideengeschichtliche und ideenpolitische Konnotationen, in: dies. (Hg.): Märkte denken. Berliner Debatte initial 18 (2007) Heft 6, 4-25.

Böll, Heinrich: Kölner Ausgabe. Band 6: 1952-1953, Köln 2007.

Boulding, Kenneth E.: A Preface to Grants Economics. The Economy of Love and Fear, New York 1981.

Braudel, Fernand, Die Geschichte der Zivilisation. Civilisation materielle et capitalisme deutsch, München 1978.

Callon, Michel: Introduction: The Embeddedness of Economic Markets in Economics, in: ders. (Hg.): The Laws of the Markets, Oxford 1998, 1-57.

Cartelier, Jean: Tableau économique in the France of Louis XV. The Invention of Economics as a Science, in: Jahrbuch für Wirtschaftsgeschichte 50 (2009) Heft 1, 77-102.

Cicero, Marcus Tullius: De officiis. Vom pflichtgemäßen Handeln. Lateinisch-deutsch. Herausgegeben und übersetzt von Rainer Nickel, Düsseldorf 2008.

DiMaggio, Paul: Culture and Economy, in: Smelser, Neil/Swedberg, Richard (Hg.): Handbook of Economic Sociology, Princeton 1994, 27-57.

Döbler, Hannsferdinand: Kultur- und Sittengeschichte der Welt. Von Babylon bis New York: Stadt, Technik, Verkehr, München/Gütersloh/Wien 1973.

Eckermann, Johann Peter/Goethe, John Wolfgang von: Gespräche mit Goethe in den letzten Jahren seines Lebens 1823-1832.

Herausgegeben von Christoph Michel unter Mitwirkung von Hans Grüters, Frankfurt am Main 1999 (Sämtliche Werke, II. Abteilung, Band 12).

Engels, Friedrich/Marx, Karl, Das Kommunistische Manifest. Manifest der Kommunistischen Partei. Von der Erstausgabe zur Leseausgabe. Mit einem Editionsbericht von Thomas Kuczynski, Trier 1995 (Schriften aus dem Karl Marx Haus 49).

Erker, Paul: Dampflok, Daimler, Dax. Die deutsche Wirtschaft im 19. und 20. Jahrhundert, Stuttgart/München 2001.

Felderer, Bernhard/Homburg Stefan: Makroökonomik und neue Makroökonomik, Berlin/Heidelberg, 9. Auflage, 2005.

Fligstein, Neil: Markets as Politics. A Political-Cultural Approach to Market Institutions, American Sociological Review 61 (1996) Heft 4, 656-673.

Fligstein, Neil/Dauter, Luke: The Sociology of Markets, in: Annual Review of Sociology 33 (2007), 105-128.

Fortunatus. Studienausgabe nach der Editio Princeps von 1509. Herausgegeben von Hans Gert Roloff, Stuttgart 2007 (Reclams Universal-Bibliothek 7721).

Fourcade, Marion: Theories of Markets and Theories of Society, in: American Behavioural Scientist 50 (2007), 1015-1034.

Fourcade, Marion/Healy, Kieran: Moral Views of Market Society, in: Annual Review of Sociology 33 (2007), 285-311.

Furley, William D.: Art. »Homerische Hymnen«, in: Der Neue Pauly. Brill 2010, Brill online. Universitätsbibliothek Heidelberg [http://www.brillonline.nl.ubproxy.ub-uni-heidelberg.de/subscriber/entry?entraodnp_e12222760] (Stand: 6. 8. 2010).

Gemoll, Albert (Hg.): Die Homerischen Hymnen, Leipzig 1886.

Granovetter, Mark: Ökonomisches Handeln und soziale Struktur. Das Problem der Einbettung, in: Müller, Hanspeter/Sigmund, Steffen (Hg.): Zeitgenössische amerikanische Soziologie, Opladen 2000, 175-207.

Groß, Steffen W.: Volkswirtschaftslehre ist Kulturwissenschaft. Ökonomik zwischen theoretischer Fiktion und kultureller Realität, Würzburg 1999 (Königshausen und Neumann: Epistemata: Reihe Philosophie 261).

Hardach, Gerd/Schilling, Jürgen: Das Buch vom Markt. Eine Wirtschafts- und Kulturgeschichte, Luzern/Frankfurt am Main 1980.

Hardach, Karl: Wirtschaftsgeschichte Deutschlands im 20. Jahrhundert (1914-1970), Göttingen, 3. Auflage, 1993.

Hauptmann, Gerhard: Die Weber. Vollständiger Text des Schauspiels. Dokumentation, Frankfurt am Main/Berlin, 12. Auflage, 2008 (Ullstein: Dichtung und Wirklichkeit 24047).

Heertje, Arnold/Wenzel, Heinz-Dieter: Grundlagen der Volkswirtschaftslehre, Berlin/Heidelberg, 7. Auflage, 2008.

Heilbronner, Robert/Thurow, Lester: Wirtschaft. Das sollte man wissen, Frankfurt am Main/New York, 5. Auflage, 2004.

Heimbüchel, Bernd/Geuenich, Frank: Handelswelten. Eine Ideengeschichte, Köln 2004.

Heinemann, Klaus: Elemente einer Soziologie des Marktes, in: Kölner Zeitschrift für Soziologie und Sozialpsychologie 28 (1976), 48-67.

Herz, Peter: Oikonomia und Politik bei Aristoteles. Der oikos als Grundlage des staatlichen Lebens, in: Jahrbuch für Wirtschaftsgeschichte 50 (2009) Heft 1, 177-194.

Höhler, Gertrud: Götzendämmerung. Die Geldreligion frisst ihre Kinder, München 2010.

Keynes, John Maynard: Allgemeine Theorie der Beschäftigung, des Zinses und des Geldes. The general theory of employment, interest and money deutsch, übersetzt von Fritz Waegner, verbesserte und um eine Erläuterung des Aufbaus ergänzte Auflage von Jürgen Kromphardt und Stephanie Schneider, Berlin, 11. Auflage, 2009 [1936].

Kirchgässner, Gebhard: Homo oeconomicus. Das ökonomische Modell individuellen Verhaltens und seine Anwendung in den Wirtschafts- und Sozialwissenschaften, Tübingen, 3. Auflage, 2008 (Mohr Siebeck: Die Einheit der Gesellschaftswissenschaften 74).

Kleinschmidt, Christian: Konsumgesellschaft, Göttingen 2008 (Universitäts-Taschenbuch 3105).

König, Wolfgang: Kleine Geschichte der Konsumgesellschaft. Konsum als Lebensform der Moderne, Stuttgart 2008.

Kolb, Gerhard: Geschichte der Volkswirtschaftslehre. Dogmenhistorische Positionen des ökonomischen Denkens, München, 2. Auflage, 2004.

Kolumbus, Christoph: Bordbuch. Mit einem Nachwort von Frauke Gewecke und zeitgenössischen Illustrationen, Frankfurt am Main 2006 (Insel-Taschenbuch 3161).

Kraemer, Klaus: Propheten der Finanzmärkte. Zur Rolle charismatischer Ideen im Börsengeschehen, in: Berliner Journal für Soziologie 20 (2010), 179-201.

Le Goff, Jacques: Wucherzins und Höllenqualen. Ökonomie und Religion im Mittelalter. Aus dem Französischen von Matthias Rüb. Mit einer Einführung von Johannes Fried, Stuttgart, 2. Auflage, 2008.

Lie, John: Sociology of Markets, in: Annual Review of Sociology 23 (1997), 341-360.

List, Friedrich: Das nationale System der politischen Oekonomie. Der internationale Handel, die Handelspolitik und der deutsche Zollverein. Faksimile der 1841 erschienenen Erstausgabe, Düsseldorf 1989.

Lüpertz, Viktor: Problemorientierte Einführung in die Volkswirtschaftslehre, Braunschweig, 5. Auflage, 2007.

Malthus, Thomas Robert: Das Bevölkerungsgesetz. An essay on the principle of population as it affects the future improvement of society. Herausgegeben und übersetzt von Christian M. Barth, München 1977 [1798] (dtv-Bibliothek 6021).

Mantzavinos, Chrysostomos: Individuen, Institutionen und Märkte, Tübingen 2007.

Mauss, Marcel: Die Gabe. Form und Funktion des Austauschs in archaischen Gesellschaften, Frankfurt am Main, 8. Auflage, 2009 [1925] (Suhrkamp Taschenbuch Wissenschaft 743).

McCloskey, Deirdre: Bourgeois Dignity: Why Economics Can't Explain the Modern World, Chicago 2010.

Mikl-Horke, Gertraude: Historische Soziologie der Wirtschaft. Wirtschaft und Wirtschaftsdenken in Geschichte und Gegenwart, München/Wien 1999.

Mill, John Stuart: Grundsätze der politischen Ökonomie nebst einigen Anwendungen derselben auf die Gesellschaftswissenschaften. Übersetzt von Adolf Sootbeer, Leipzig, Nachdruck der Auflagen 1881, 1885, 1869, Aalen 1968 (John Stuart Mill: Gesammelte Werke, Bände 5-7).

Nell, Edward N.: On the History of Economic Theory and the Emergence of Capitalism, in: Jahrbuch für Wirtschaftsgeschichte 50 (2009) Heft 1, 103-134.

North, Douglas C.: Markets and other Allocation Systems in History, in: Journal of European Economic History 6 (1977), 703-716.

Ostwald, Hans: Sittengeschichte der Inflation. Ein Kulturdokument aus den Jahren des Marktsturzes, Berlin 1931.

Pierenkämper, Toni: Von der Tulpenkrise zum Finanzmarktkollaps. Das Allgemeine im Besonderen, in: Jahrbuch für Wirtschaftsgeschichte 52 (2011) Heft 1, 139-159.

Platon: Politeia – Der Staat. Bearbeitet von Dietrich Kurz. Griechischer Text von Émile Chambry. Deutsche Übersetzung von Friedrich Schleiermacher, Darmstadt, 6. Auflage, 2011 (Band 4 der gesammelten Werke in 8 Bänden).

Plumpe, Werner: Ökonomisches Denken und wirtschaftliche Entwicklung. Zum Zusammenhang von Wirtschaftsgeschichte und historischer Semantik der Ökonomie, in: Jahrbuch für Wirtschaftsgeschichte 50 (2009) Heft 1, 27-52.

Plumpe, Werner: Wirtschaftskrisen. Geschichte und Gestalt, München 2010 (Beck'sche Reihe Wissen 2701).

Polo, Marco: Il milione. Die Wunder der Welt. Übersetzt aus altfranzösischen und lateinischen Quellen mit einem Nachwort hg. von Elise Guignard, Zürich 2008 [1298/99].

Quesnai, François: Tableau économique. Herausgegeben, eingeleitet und übersetzt von Marguerite Kuczynski, Berlin 1965 [Nachdruck der 3. Auflage 1759].

Reinhardt, Carmen M./Rogoff, Kenneth S.: Dieses Mal ist alles anders. Acht Jahrhunderte Finanzkrisen, München 2010.

Ricardo, David: Über die Grundsätze der politischen Ökonomie und der Besteuerung. On the principles of political economy and taxation deutsch, übersetzt von Gerhard Bondi, herausgegeben von Heinz D. Kurz, Marburg 1994 [1817].

Richardson, Nicholas (Hg.): Three Homeric Hymns to Apollo, Hermes, and Aphrodite, Cambridge/New York/Melbourne 2010.
Röpke, Wilhelm: Jenseits von Angebot und Nachfrage, Erlenbach-Zürich/Stuttgart 1956.
Rosenbaum, Eckehard F.: What is a Market? On the Methodology of a Contested Concept, in: Review of Social Economy 58 (2000) Heft 4, 455-482.
Rüstow, Alexander: Das Versagen des Wirtschaftsliberalismus, 3. überarbeitete Auflage mit Übersetzungen herausgegeben von Frank P. und Gerhard Maier-Rigaud, Marburg 2001.

Say, Jean Baptiste: Abhandlung über die National-Oekonomie oder einfache Darstellung der Art und Weise, wie die Reichthümer entstehen, vertheilt und verzehrt werden. Traité d'economie politique deutsch, Dillenburg 1999 [Reprint der Ausgabe Halle 1807].
Scheler, Max: Die Wissensformen und die Gesellschaft. Herausgegeben von Maria Scheler, Bonn 1980 (Gesammelte Werke Band 8).
Schiller, Friedrich: Das Lied von der Glocke (1799), in: ders.: Sämtliche Werke. Herausgegeben von Albert Meier, Band 1: Gedichte-Dramen, München 2004, 429-442.
Schivelbusch, Wolfgang: Das Paradies, der Geschmack und die Vernunft. Eine Geschichte der Genussmittel, München/Wien, 6. Auflage, 2005.
Schluchter, Daniel: Soziologie der Märkte, in: Bluhm, Harald/ Malowitz, Karsten (Hg.): Märkte denken. Berliner Debatte initial 18 (2007) Heft 6, 85-97.
Schumpeter, Joseph Alois: Epochen der Dogmen- und Methodengeschichte, in: Grundriss der Sozialökonomik. I. Abteilung: Wirtschaft und Wirtschaftswissenschaft, bearbeitet von Salomon Paul Altmann und Gerhard Albrecht, Tübingen 1914 (2. Aufl. 1924), 19-124.
Schwedt, Georg: Vom Tante-Emma-Laden zum Supermarkt. Eine Kulturgeschichte des Einkaufens, Weinheim 2006.
Simmel, Georg: Soziologie. Untersuchungen über die Formen der Vergesellschaftung, Berlin, 6. Auflage, 1983 [1908] (Gesammelte Werke, Band 2).
Sistermann, Rolf: Zur Theologie des Marktes. Konkurrenzwirt-

schaft und Mitleidsmoral, in: Zillesen, Dietrich (Hg.): Markt. Religion und Moral des Marktes, Münster 2002, 25-28 (Profane Religionspädagogik 3).

Smith, Adam: Der Wohlstand der Nationen. Eine Untersuchung seiner Natur und seiner Ursachen. Aus dem Englischen übertragen und mit einer umfassenden Würdigung des Gesamtwerks herausgegeben von Host Claus Recktenwald (nach der 5. Aufl. letzter Hand London 1789), München, 11. Auflage, 2005 (dtv-Bibliothek 30149).

Smith, Adam: Theorie der ethischen Gefühle. Auf der Grundlage der Übersetzung von Walther Eckstein neu herausgegeben von Horst D. Brandt, Hamburg 2010 [1759] (Meiner: Philosophische Bibliothek 605).

Sombart, Werner: Der moderne Kapitalismus. Historisch systematische Darstellung des gesamteuropäischen Wirtschaftslebens von seinen Anfängen bis zur Gegenwart. 3 Bände in 6 Teilbänden, München, 3. Auflage, 1987 [unveränderter Nachdruck der Ausgabe von 1916].

Stäheli, Urs: Spektakuläre Spekulation. Das Populäre der Ökonomie, Frankfurt am Main 2007 (Suhrkamp Taschenbuch Wissenschaft 1810).

Stehr, Nico: Die Moralisierung der Märkte. Eine Gesellschaftstheorie, Frankfurt am Main 2007 (Suhrkamp Taschenbuch Wissenschaft 1831).

Steinert, Heinz: Max Webers unwiderlegbare Fehlkonstruktionen. Die protestantische Ethik und der Geist des Kapitalismus, Frankfurt am Main/New York 2010.

Swedberg, Richard: Markets in Society, in: Smelser, Neil/ders. (Hg.): The Handbook of Economic Sociology, Princeton 2005, 233-253.

Tawney, Richard H.: Religion und Frühkapitalismus. Eine historische Studie, Bern 1946 [= Religion and the Rise of Capitalism, London 1937].

Thielemann, Ulrich: Das Prinzip Markt. Kritik der ökonomischen Tauschlogik, Bern 1996 (Haupt: St. Galler Beiträge zur Wirtschaftsethik 15).

Thomas de Aquino: Summa Theologica: Die deutsche Thomas-Ausgabe in 38 Bänden. Band 18 = II/II,57-79. Übers. von Dominikanern und Benediktinern Deutschlands und Österreichs.

Kommentiert von A.F. Utz, Heidelberg/München 1953 [1265/66-1273].

Thompson, Homer A.: The Agora at Athens and the Greek Market Place, in: The Journal of the Society of Architectural Historians 13 (1954) Heft 4, 9-14.

Traub, Rainer: Die kommerzielle Revolution, in: Jung, Alexander/Andresen, Karen (Hg.): Geld macht Geschichte. Kriege, Krisen und die Herrschaft des Kapitals seit dem Mittelalter, München 2010, 28-36.

Turgot, Anne-Robert Jacques: Betrachtungen über die Bildung und Verteilung der Reichtümer. Réflexions sur la formation et la distribution des richesses deutsch, veröffentlicht anlässlich der 200. Wiederkehr des Todestages Turgots am 18. März 1981, Berlin 1981 [1769-1770] (Akademie-Verlag: Ökonomische Studientexte 7).

Vajda, László: Greuelmärchen und Wunderland. Geschichten im Dienste des Fernhandels in vorindustrieller Zeit, in: Breuninger, Helga/Sieferle, Rolf Peter (Hg.): Markt und Macht in der Geschichte, Stuttgart 1995, 20-44.

Vega, Don Joseph de la: Die Verwirrung der Verwirrungen. Vier Dialoge über die Börse in Amsterdam. Nach dem spanischen Original übersetzt und eingeleitet von Otto Pringsheim, Breslau 1919 [1688].

Vocelka, Karl: Geschichte der Neuzeit 1500-1918, Wien 2009 (Universitäts-Taschenbuch 3240).

Vogl, Joseph: Das Gespenst des Kapitals, Zürich 2011.

Von der Gönna, Gerda/Simon, Erika (Hg.): Homerische Hymnen. Übertragung, Einführung und Erläuterungen von Arno Pfeiff, Tübingen 2002.

Walter, Rolf: Wirtschaftsgeschichte. Vom Merkantilismus bis zur Gegenwart, Köln/Weimar/Wien, 5. Auflage, 2011 (Universitäts-Taschenbuch 3387).

Weber, Max: Gesammelte Aufsätze zur Religionssoziologie, Band 1, Tübingen, 8. Auflage, 1986 [1920].

Weber, Max: Wirtschaft und Gesellschaft. Grundriss der verstehenden Soziologie. Studienausgabe besorgt von Johannes Winckelmann, Tübingen, 5. Auflage, 2009 [1920-1922].

Wendt, Reinhard: Vom Kolonialismus zur Globalisierung. Europa und die Welt seit 1500, Paderborn 2007 (Universitäts-Taschenbuch 2889).

White, Harrison C.: Where Do Markets Come From?, in: American Journal of Sociology 87 (1981) Heft 3, 517-547.

Wiesenthal, Helmut: Markt, Organisation und Gemeinschaft als »zweitbestes« Verfahren sozialer Koordination, in: Schimank, Uwe/Werle, Raymund (Hg.): Gesellschaftliche Komplexität und kollektive Handlungsfähigkeit, Frankfurt am Main 2000, 44-73.

Wiswede, Günter: Marktsoziologie, in: Irle, Martin (Hg.): Marktpsychologie als Sozialwissenschaft, Göttingen/Toronto/Zürich 1983, 151-224.

Wolfrum, Edgar: Die geglückte Demokratie. Geschichte der Bundesrepublik Deutschland von ihren Anfängen bis zur Gegenwart, Stuttgart 2006.

Zafirovski, Milan: Market and Society. Two Theoretical Frameworks, Westport 2003.

Zedlers Universal-Lexikon, Bd. 19: Johannes Heinrich Zedler: Universal-Lexikon aller Wissenschaften und Künste, welche bishero durch menschlichen Verstand und Witz erfunden und verbessert worden, Halle/Leipzig 1739.

Zelik, Raul/Altvater, Elmar: Vermessung der Utopie. Ein Gespräch über Mythen des Kapitalismus und die kommende Gesellschaft, München 2009.

Zelizer, Viviana. Die Farben des Geldes. Vielfalt des Marktes, Vielfalt der Kulturen, in: Berliner Journal für Soziologie 10 (2000) Heft 3, 315-332.

Anmerkungen

1 Papst Benedikt XVI.: Enzyklika »caritas in veritate«, Kap. III, Abs. 36.
2 Von der Gönna, Gerda/Simon, Erika (Hg.): Homerische Hymnen, 42-58. Die Zahlen in Klammern verweisen auf die Seiten im vorgenannten Text.
3 Platon: Politeia, II. Buch, 371.
4 Eubulos, zit. nach: Döbler, Hannsferdinand: Kultur- und Sittengeschichte, 46.
5 Thomas de Aquino: Summa Theologica. II. Buch, Teil 2, Frage 77: »Über Betrug beim Kauf und Verkauf«, dort: Antwort zu Artikel 4: »Ist es im Handel erlaubt, eine Sache teurer zu verkaufen, als man sie gekauft hat?«.
6 Schiller, Friedrich: Das Lied von der Glocke, 432 f.
7 Kolumbus, Christoph: Bordbuch, 46.
8 Smith, Adam: Der Wohlstand der Nationen, 471.
9 Ebd., 471 f.
10 Vega, Don Joseph de la: Die Verwirrung der Verwirrungen, 34.
11 Artikel »Markt«, in: Johannes Heinrich Zedler: Universal-Lexikon, Sp. 1279 f.
12 Art. »Marktkauf«, in: ebd., Sp. 1281.
13 Smith, Adam: Der Wohlstand der Nationen, 17.
14 Eckermann, Johann Peter: Gespräche mit Goethe, 680 f.
15 Ostwald, Hans: Sittengeschichte der Inflation, 7.
16 Böll, Heinrich: Mein Onkel Fred, in: Frankfurter Allgemeine Zeitung vom 12. April 1952, in: Böll, Heinrich: Kölner Ausgabe, 24-28; hier: 24 f.
17 Simmel, Georg: Soziologie, 509 f.
18 Vogl, Joseph: Das Gespenst des Kapitals; Höhler, Gertrud: Götzendämmerung, 69-73.
19 Röpke, Wilhelm: Jenseits von Angebot und Nachfrage, 144-175. Die Zahlen in Klammern verweisen auf die Seiten im vorgenannten Text.
20 Rüstow, Alexander: Das Versagen des Wirtschaftsliberalismus. Die Zahlen in Klammern verweisen auf die Seiten im vorgenannten Text.

21 Tawney, Richard H.: Religion und Frühkapitalismus, bes. 277-286. Die Zahlen in Klammern verweisen auf die Seiten im vorgenannten Text.
22 Binswanger, Hans Christoph: Die Glaubensgemeinschaft der Ökonomen.
23 Weber, Max: Wirtschaft und Gesellschaft, 365.
24 Weber, Max: Gesammelte Aufsätze zur Religionssoziologie, Bd. 1, 35 f.
25 Keynes, John Maynard: Allgemeine Theorie.
26 Aristoteles: Nikomachische Ethik, V. Buch, 8. Kapitel, 1133 (b).
27 Smith, Adam: Der Wohlstand der Nationen, 369.
28 Zelik, Raul/Altvater, Elmar: Vermessung der Utopie, 16.

Verzeichnis der Personen- und *Eigennamen*